Dedicado a mis padres:

Constant Georges MERITZA
(1929-2011)

Josiane MERITZA
(1936-)

y al que comparte mi vida
mi compañera Sophie

Dedicación especial:

Yoann MERITZA

ÉXITO GARANTIZADO

RECUPERAR EL CONTROL DE TU DESTINO

Editor :
BoD-Books on Demand,
12/14 rond point des Champs Élysées
75008 Paris, France

Impresión : BoD-Books on Demand, Norderstedt,
Allemagne

Depósito legal Noviembre 2018
ISBN : 9782322165421

Foto de portada :
Licencia : cco 1.0 universal / (cco 1.0)
Diseño gráfico : :
Autor : Yoann MERITZA

"El uso más digno de la felicidad es usarla para el uso de otros"

(Marivaux "l'Ile de la raison" 1727, acto III, escena 9)

ALGUNAS PALABRAS SOBRE EL AUTOR

Yoann MERITZA es un autor ensayista apasionado por el desarrollo personal y el comportamiento humano.

Nacido el 28 de marzo de 1978 en Bonneville, Haute-Savoie, en el seno de una familia obrera, se benefició sin embargo de una escolarización en instituciones católicas privadas, en particular en Sainte Bernadette y Saint Jean Bosco en Cluses, en su departamento de nacimiento.

Su padre, Constant Georges, fallecido el 5 de julio de 2011 a la edad de 81 años, veterano de Indochina, ex miembro del TOE-GCI, un camionero civil, sufrió de cáncer de garganta en 1981, siempre luchó y cultivó el entusiasmo a pesar de su discapacidad, porque entendía lo preciosa que era la vida y que había que vivirla intensamente. Fue un veterano tanto durante la guerra de Indochina, y luchó por el resto de su vida.

Yoann estaba inmerso en este ambiente en el que había que luchar todos los días, siempre intentaba seguir adelante sin importar lo que pasara y probaba nuevas experiencias.

Siguió una escolaridad normal hasta 1993 antes de ir a una escuela de aprendizaje en Saint Jeoire donde descubrió los oficios de electricista, carpintero, volteador de barras y soldador, lo que lo convirtió en un "trabajador versátil".

En septiembre de 1995, un nuevo punto de inflexión en su vida, siguió una trayectoria en el sector terciario de la contabilidad en el Lycée Professionnel Privé "les cordeliers" de Cluses, donde descubrió la ofimática y la administración, y aprendió también las tecnologías de la información para la gestión, que sigue utilizando hoy en día en su vida privada. Pero perdió su BEP por unos pocos puntos.

Bajo la dirección de su antiguo profesor de contabilidad, repitió su BEP en 1998, que obtuvo.

De febrero de 1999 a diciembre del mismo año, realizó su servicio nacional en Auxonne en Borgoña en el 511º Regimiento del tren, luego en el 27º BCA en Cran-Gevrier en Haute-Savoie.

Después de dejar el ejército, decidió probar su licenciatura en contabilidad como candidato libre, trabajó durante meses en todas las materias, se convirtió en su "propio maestro", aún hoy, autodidacta hasta la médula, sabía cómo "entrenarse a sí mismo", se graduó, pero decidió no parar, sintiendo que le crecían alas, trabajó en la industria para financiar sus estudios por correspondencia, lo que era "una gran parte" para él, todas las noches tomando sus clases, pero los resultados eran escasos para él.

Se comprometió a reanudar los estudios en sesión recurrente en 2001, a petición de los centros de formación y del "Centro de Información y Orientación" (CIO), donde fue seguido por un consejero que le ayudó a rellenar los formularios necesarios para su reintegración en el ciclo profesional.

En septiembre de 2001, él estudió al Liceo Guillaume Fichet, tenía entonces 23 años, cuatro de los cuales lo separaron de los demás alumnos personas más jóvenes, un ligero choque generacional que logró compensar, se adaptó muy bien a este entorno, y en junio de 2003 obtuvo su bachillerato profesional en contabilidad.

Intentó por todos los medios pasar su BTS, porque a los 25 años ya era demasiado viejo para los empleadores, cuando se trataba de sumergirse en un ambiente profesional en dos años. Sufrió derrotas, pero siempre volvía al escenario. él participó a algunos seminarios para las principales marcas de automóviles, especialmente en Valence, en la región de Drôme.

En 2004, aprovechó una oportunidad de oro y siguiendo una formación como colaborador de PME/PMI en la Cámara de Comercio e Industria de Scionzier en Haute-Savoie, donde descubrió la PNL (Programación Neurolingüística) donde aprendió las herramientas para moldear la mente subconsciente y dirigir la naturaleza humana.

Desde 2007 hasta ahora, se ha interesado en los temas de desarrollo personal, control subconsciente y ha leído muchos libros sobre temas de psicología y comportamiento, también ha asistido a seminarios de coaching. Todavía sigue, y con bastante regularidad, a los entrenadores de desarrollo personal.

También es miembro de la Unión Nacional de Combatientes (UNC-Alpes), y del 27° BCA.

PRÓLOGO

"Todos sabían que era imposible de hacer.
Entonces un día vino alguien que no lo sabía,
y lo hizo.
(Winston Churchill)

Hola a todos, ustedes que están leyendo estas líneas,

El propósito de este libro es proporcionarle toda la ayuda que necesita para mejorar su vida diaria que le llevará, si realmente lo desea, al éxito y al éxito. Rellenará los vacíos de su mente con respecto al campo de la atracción.

Puedes ser honesto desde el principio, tendrás muchas herramientas que te proporcionaré a través de las páginas, pero tendrás que involucrarte personalmente. No soy un mago ni un vendedor de sueños, sólo destaco lo que ya está en ti, es decir, tu capacidad para ser mejor y seguir adelante. Si quieres darme un rol, será como guía.

Desde muy temprano en mi vida, me interesé por el desarrollo personal, empezando por un libro de Norman Vincent Peal "el poder del pensamiento positivo", me fascinó tanto que leí otro, luego otro, y así sucesivamente, ni siquiera pensé en escribir mi propio libro un día, sintiéndome incapaz de hacerlo, pero finalmente, y gracias a "mis entrenadores" (vivos o muertos), y al "secreto" (volveré sobre él), tuve el coraje y la fuerza para actuar.

He estado di la vuelta a la pregunta varias veces, era exactamente como tú hace poco tiempo, y me dije a mí mismo, "si mi estrategia no funciona, tienes que probar otra", el problema, lo estaba volviendo al revés, y hay muy pocos libros que traten en profundidad de ser capaz de sondear tu propia mente, porque en mi conocimiento, el tema es vasto.

Me llevó muchas informacións y lectura antes de publicar este libro, autores en desarrollo personal como Max Piccinini, Mickaël Losier, Franck Nicolas, Napoléon Hill (como yo lo llamo cariñosamente mi maestro del pensamiento), Florence Shoven Shyn, Emile Coué y Norman Vincent Peal. Todos ellos son lo que considero amigos de corazón, les debo mucho, todos ellos me han ayudado a abrir el camino a lo mejor de mí mismo, y como ellos lo han hecho, Te estoy transmitiendo el conocimiento en el campo, les ayudaré a responder a las preguntas que se hacen sobre el tema. ¿Por qué no funciona como lo describen los profesionales? ¿Qué es lo que está bloqueando dentro de ti?

Todos los escritores en el campo del pensamiento constructivo, tal como están, tienen razón, hay razones por las que nada funciona de la manera que te gustaría y viene de ti mismo.

Si algunas personas hacen lo mejor que pueden y nada tiene éxito, es porque, inconscientemente no han hecho las cosas como debieran . Se faltaba lo esencial.

En este libro, revelaré algo fabuloso que puede cambiar tu vida para siempre, un poder que todos tenemos, para superar las barreras sociales, para ser una mejor versión de ti mismo, lo que yo llamo muy precisamente "El Secreto".

El día que descubrí "El Secreto" fue una revelación para mí, mi vida dio un gran paso adelante, ¿en qué circunstancias lo descubrí? Para explicarlo todo, fue en Noche vieja de 2017, en el Casino de Chamonix, una anciana de aspecto acomodado, bien vestida, el "toque chic" como podría llamarlo, me contó una historia fabulosa, la que la hizo triunfar.

Después de los doce golpes de medianoche, estuvimos hablando de cosas y otras sobre, una copa de champán, los invitados comenzaron a irse a casa, la gran habitación de arriba se estaba vaciando, solo quedaban unas pocas personas, entre ellas yo, mi actual pareja y esta mujer desconocida.

Hablamos de nuestras vidas, de nuestro viaje a su vez, y luego se sintió un poco más segura, recuerdo que me agarró del brazo y me dijo "¡es hora de cambiar de dirección, hombre joven! "hablando de mi vida profesional.

Sacó una especie de cuaderno con un bolígrafo y escribió algo en él, luego rompió un trozo de papel con sus notas. Lo dobló en cuatro y me lo dio, diciendo "cuando llegue el día, lo necesitarás", luego lo puse en el bolsillo de mi chaqueta.

He guardado estas notas que contienen "El secreto" como un bien precioso, lo que se anotó anteriormente te impactará y te será revelado a través de las páginas, porque hay pasos a seguir, este poder es muy poderoso, está en cada uno de nosotros, puede construirse como puede destruir de acuerdo a cómo lo usamos, requiere un cierto estado de ánimo en un momento dado, no te preocupes, te mostraré cómo usarlo.

Al año siguiente, no lo volví a ver, pero estas palabras de nuestra conversación quedaron grabadas en mi mente, "lo positivo atrae a lo positivo". ». Recuerda en este tú también!

Mucha gente se pasa la vida ignorando ese poder, el del atractivo, para conseguir todo lo que queremos en nuestras vidas, para ser reconocidos, ricos en conocimientos, para poder costear unas vacaciones, para ir a donde queramos. Cuando descubrí esto, todo parecía más claro en mi mente, estaba en el camino equivocado. Imagina que tienes esto en tus manos, esta fórmula secreta.

Muchas personas se pasan la vida sin probar la experiencia, que llegan al final de sus vidas para decirse a sí mismos "¡si lo hubiera sabido! "¿quieres vivir con remordimientos, o cambiar radicalmente?
por supuesto? Propongo la solución definitiva, la que nadie que la conozca te dirá, porque es realmente muy poderosa, "pero" (porque hay un "pero") este poder tiene un lado más oscuro, es el aspecto más aterrador, y te evitaré esta trampa. Todo el "Secreto" te será

revelado. Pero funciona, puedo garantizar que funciona!

Como se mencionó anteriormente, este libro no es un libro mágico, pero tiene el poder de hacer reaccionar a su subconsciente, lo que puede convertir sus sueños en realidad. Hay un poder fabuloso, el poder de controlar tus pensamientos y hacerlos realidad, tener una casa grande, tener un coche bonito, conseguir un buen trabajo, y todo lo que sueñas, todo está a tu alcance aquí y ahora en estas páginas.

Podemos atraer hacia nosotros todo lo que deseamos, según la ley de la atracción. ¡Atención! Hay condiciones para que esto actúe sobre ti, la materialización no funciona si tus pensamientos van acompañados de un sentimiento de absoluta necesidad, es esencial pensar que todo está ya a tu alcance, requiere constante concentración y esconder los frenos de tus deseos, olvida tu ego.

Los capítulos han sido diseñados en un orden bien definido, ya que incluyen pasos para el progreso. Si no eres un lector regular, o si tienes muy poco tiempo para dedicar, te recomiendo que uses un marcador. Puedes leer un capítulo a la vez, o unas veinte páginas, depende de ti.

Profundizaré más, trataré de llegar a la fuente de ti mismo, explotaré tus habilidades y finalmente romperé este caparazón, cortaré el nudo gordiano de tu existencia. Usted explica cómo alguien que obviamente no está involucrado en nada de repente hizo un nuevo comienzo. Como tú, mi vida ha sido una sucesión de pruebas y fracasos, te mostraré que con la voluntad y la determinación infalible, podemos lograr cualquier cosa.

A medida que lea, desarrollará un gusto por ella, se convertirá en un adicto al conocimiento y sabrá un poco más que el día anterior. A través de técnicas simples, te enseñaré a convertirte en una versión mejorada de ti mismo.

¡No apresures los pasos! Empieza este libro en silencio desde el principio, es inútil pasar a los capítulos siguientes sin entender la sustancia de los anteriores, sería como ver un video en los últimos minutos sin entender en sustancia la historia, o por qué empezó.

Los métodos en este libro funcionan, y además, son gratuitos (bueno casi), no te vendo el sueño sino que sólo saco lo que tienes en ti por el poder de tus pensamientos, ellos pueden construir ya que pueden destruir tu vida, dependiendo de cómo uses ese poder.

Encontrarás, dentro de este libro:

- **Análisis teóricos**, resumiendo en detalle la transmisión de los conocimientos recibidos en el campo. El secreto te será revelado gradualmente.

- **Consejos prácticos**, para tener los hábitos correctos para desarrollar, para ganar más confianza en sí mismo y para desencadenar el fenómeno de la atracción en ti.

- **Anécdotas**, queriendo compartir un poco de mis antecedentes y forjar un vínculo entre tú y yo, de confidente a confidente, y personalidades conocidas y desconocidas.

Te enseñaré a "hacer" y "creer", y a descifrar los orígenes de tus creencias equivocadas, que te han sido enseñadas. Rompe el cemento que se ha puesto a tu alrededor y que te impide moverte y avanzar. ¿Quieres lo mejor de ti mismo? Esto debe implicar, en primer lugar, un análisis personal, acercándose a las circunstancias que describen por qué estás aquí, en esta situación.

Junto con ustedes, desarrollaré a lo largo de las páginas un programa para sustituir el pensamiento negativo y transformarlo en pensamiento positivo. Les invito a aplicar, inmediatamente después de su lectura, los métodos que propongo en este libro.

No seas más la víctima de tu vida, actúa ahora y cree en ti mismo! El valor no espera al número de años, nunca es demasiado tarde. Contrólate controlando tu destino. No es dando la vuelta hacia el final de tu vida que dirás "¡si lo hubiera sabido!»

El éxito no es una cuestión de entorno social o medioambiental, ni mucho menos de suerte (al menos, la interpretación que hacemos de él). Cualquiera que pueda permitírselo puede hacerlo, si realmente cree en ello.

Les deseo a todos una buena lectura, que espero sinceramente se convierta en la puerta de entrada a su éxito.

saludos;
Yoann MERITZA

INTRODUCCIÓN

"La vida es como una caja de chocolates: nunca sabes lo que vas a encontrar. »
(Tom Hanks / Forest Gump)

Nuestro mundo está formado por casi 7.000 millones de personas mientras escribo estas líneas, porque sigue siendo un hecho variable, un hormigueo incesante de hombres y mujeres, hay nacimientos y muertes, una multitud de emociones generadas cada segundo, y en algún lugar en medio de toda esta confusión, hay una persona en particular, los ojos abiertos en este entorno y llenos de emociones, este ser que vive en medio de este lío, eres tú el que tiene mi libro en tus manos, ansioso por cambiar el horizonte de tu vida.

¿Por qué la ley de la atracción no funciona para ti? La cuestión sigue abierta para usted a pesar de todos los esfuerzos realizados para alcanzarla. Ha hecho usted intentos desesperados, pero no está ocurriendo nada.

¿Realmente funciona?

Sí, claramente respondo afirmativamente, pero quizás usted es uno de los que ya lo ha intentado todo, todos los métodos existentes sobre el tema, has leído libros sobre el desarrollo personal.

Después de seguir todos los consejos, nada te llega, significa que el problema viene de otra parte, de la interpretación que se hace de este poder, de la negligencia de ver de otra manera.

Por ejemplo, si tienes un coche y no arranca, tienes, entre otras posibilidades, o bien llevarlo al taller o bien intentar encontrar la avería por tu cuenta.

En el primer caso, te dices a ti mismo que no sabes nada al respecto y lo llevas al taller, con el riesgo de una intervención costosa.

En un segundo caso, se trata de encontrar la avería, haciendo suposiciones peligrosas sobre las razones de la avería, se retira parte del motor, pero no se sabe cómo volver a montarlo, hay muchas partes que yacen en el suelo. El exceso de confianza, combinado con la ignorancia, resultará en una intervención más costosa que la primera.

Tercera posibilidad, que es la correcta y que no te costará nada (sólo tiempo y pensamiento), tratas de encontrar la avería con una mente lógica, buscas aceite, gasolina, en resumen, mantenimiento estándar, estado de la batería, fusibles, pero todavía no la encuentras. Así que usted insiste, mira el folleto técnico en la guantera, consulta en Internet sobre problemas similares y, finalmente, "Eureka", tiene la solución, el alambre de suministro de combustible diesel fue desconectado.

A veces nos cuesta encontrar un problema complicado, preguntándonos por qué su coche no arranca, cuando la solución es simple y está a nuestro alcance.

Les mostraré en este libro lo que está sucediendo y que a veces la solución parece más fácil de lo que pensábamos.

Sus intentos se resumen en intentar encender un fuego con un encendedor húmedo bajo una lluvia torrencial en Bretaña (lo siento por mis amigos bretones).

Para responderlas, y lo desarrollaré en este libro y para aquellos que conocen los principios básicos del desarrollo personal, no es culpa del destino y nadie te ha hechizado, no estás maldito por el destino, te lo aseguro, nada de esto.

Para evitar estar bajo el yugo de una "supuesta" fatalidad, ya debes sacártela de la cabeza. Hay una salida que te ayudará a progresar, y es inútil acercarse a su espejo y agitar su dedo meñique acusador hacia ti y decir "¡es tu culpa!»

El problema es mucho más sutil, está en otra parte, aunque parte de tu personalidad está en tu contra, y está relacionado con tu pasado, lo que has experimentado, la educación y las creencias que te han enseñado, tu necesidad de pertenencia social en un mundo que se ha vuelto completamente loco. Adquirir una forma de notoriedad y reconocimiento, pero ¿en qué y en qué calidad?

Como dije, todo lo que te sucede viene en gran parte de tus creencias y educación, añade tu ego además, y tienes todos los ingredientes que no te hacen evolucionar, te pido que seas muy cuidadoso con estos últimos puntos.

Te gustaría pasar a la historia, ser reconocido, pero para que eso suceda, tendrás que ser conocido, excepto en este caso, que no eres nadie para la gente común, de lo contrario, podrías también vender refrigeradores en Groenlandia o radiadores en los confines del desierto del Sahara, en otras palabras, es inútil.

Tu existencia dependerá del interés que muestres por los demás, porque son un reflejo de tu alma, de tu ser, y si conoces las leyes de la causalidad, atraes hacia ti lo que das en los demás.

El hombre o la mujer es su propio espejo. Cuando tienes gente que te conoce y a la que has ignorado, no te sorprendas de ser ignorado a tu vez, si pudieras ver con sus ojos tu comportamiento, dirías "¡Oh Dios mío, qué cosa tan ingrata! "o "¡qué hombre tan egoísta! ", en resumen, está bastante mal comprometida para dar una buena imagen. A diferencia de algunas personas que nunca han probado lo que eres antes, siempre existe la posibilidad de darles lo mejor de ti mismo.

Lo que necesita ser cambiado primero es tu actitud hacia los demás y hacia ti mismo. Tanto nuestro mundo interior como el exterior. Todos tenemos un capital energético que está cargado positiva o negativamente, y para aquellos que saben de lo que estoy hablando, después de haber estudiado la ley de la atracción.

Todos estamos equipados con una burbuja vibratoria a nuestro alrededor, dentro, percibes el mundo exterior, los dos están unidos, lo que eres, determina lo que son los otros, la regla es universal. No juzgues a los demás si no quieres ser juzgado negativamente (la naturaleza humana siempre juzga sin importar lo que suceda), mira al mundo de manera diferente, y a cambio, te observará de manera diferente.

Si hay un cambio que hacer, tendrá que hacerse gradualmente para aquellos que usted conoce, tanto amigos como familiares, puede sorprenderlos y hacerlos preguntarse si usted está tomando drogas. Lo más fácil es empezar con palabras y gestos sencillos de complacencia, aprender a decir "hola", "adiós", "gracias", etc....... es la base, es la educación. Entonces, sonríe en el lado positivo, estás sano, tienes un techo sobre tu cabeza, ¿cómo puedes imaginarte sacar más provecho de la vida si no estás ya satisfecho con lo que tienes? Tienes todo para ser feliz, la "Hight Tech" es realmente secundaria, hay placeres sencillos que la vida proporciona, ¡no los descuides!

¿Por qué no puedes hacerlo? Veamos el problema al revés:

En 1963, en Grant Pass, Oregon, un joven atleta asistió a una reunión de la escuela secundaria organizada por el Club Rotario. Era frágil y era poco probable que tuviera éxito y se convirtiera en la persona famosa que es hoy en día.

En efecto, después de haber practicado el salto de altura desde los 10 años, nunca dejó de encontrar la forma de perfeccionar su técnica, ya que no pudo alcanzar el objetivo que se había propuesto, que era superar los dos metros de altura, y sólo tenía 1,80 m de altura.

Contra toda expectativa, durante la reunión, logró pasar los dos metros, haciendo diferente a los demás competidores, en lugar de pasar la barra sobre su estómago, la pasó sobre su espalda, para lograr esta hazaña, tuvo que cambiar su técnica, ya que no estaba funcionando.

Su salto, que fue validado por los jueces de la época, lleva el nombre del hombre que hizo la hazaña, se llama "el Fosbury".

Si él hizo algo imposible por él en ese momento, ¿por qué no debería ser lo mismo para ti?

Tal vez es sólo una cuestión de cómo cambiar el método, a veces tendemos a encontrarnos con algo convencional, sin tomar el problema de otra manera.

De ahí el significado de este libro que consiste en ver un enfoque diferente de lo que ya se conoce, probablemente ya lo has probado todo pero nada tiene éxito, ¿por qué? Usted tiene el conocimiento sobre el tema del desarrollo personal y la ley de la atracción, escrito por muy buenos autores a quienes yo personalmente aprecio y que lo han entrenado intensamente.

Te proporcionan herramientas muy buenas, ¡de ti depende usarlas! Los seminarios no son sólo oportunidades para tomar fotos con ellos y publicar en Facebook, aunque puede parecer una buena cosa que hacer.

¿Qué bloques no vienen de ellos, hacen un trabajo excelente, por lo que sólo puede venir de usted y su grado de inversión en el tema, cómo interpretar la ley de la atracción y el desarrollo personal para usted?

El problema viene sólo de ti, es como una persona miope que busca en vano sus gafas sul la nariz. Para la ley de la atracción, es lo mismo, buscas el problema cuando está simplemente dentro de ti. No todas las condiciones se cumplen para atraer tus deseos hacia ti.

Lo llamamos la "ley de la atracción", porque hay reglas que respetar y cómo interpretarlas. Esto se debe en gran medida a su inversión personal, tanto en su forma de pensar como en su forma de actuar, las dos se combinan.

Las leyes de la atracción existen y deben ser puestas en ósmosis con lo que constituye toda su entidad, tanto sus sentimientos, su paciencia y su capacidad de análisis. Necesitan tres elementos para funcionar:

Un ambiente interno:

— **pensamientos positivos** que consiste en trabajar sobre ti mismo para atraer hacia ti las cosas que quieres, no mirando las nubes, sino el sol que se esconde justo detrás, no dejándote influenciar por lo que dicen tus seres queridos, ¡cambia tu estado de ánimo! Todos somos capaces de grandes cosas, y digo todos nosotros, tú que estás leyendo estas líneas, tienes una gran fuerza interior que sólo necesita ser expresada, si ese no es el caso, entonces ¿por qué estás leyendo esta página? ¿Qué te trajo aquí?

—auto abandono sin interferencias externas,
no debes pensar constantemente en el resultado positivo a obtener, debes actuar en la dirección de tus proyectos en el momento presente, sin postergar, si quieres atraer hacia ti todo lo que quieres, debes dejar que el objeto de tus deseos venga a ti, sería como empujar una puerta que se balancea, mientras que la energía de la atracción empuja a tu lado también. Cuando lo pensamos más, todas nuestras expectativas se hacen realidad, no seas impaciente.

— una contribución personal,
una contribución física, el don de sí mismo, ¡no se obtiene nada por nada! No vendrá solo si la situación en la que se encuentra no se presta a ello. Querer es una cosa, pero actuar sobre ella es otra, tienes que encontrar un punto de partida, tu momento T que te haga avanzar, por supuesto, nada se hará en un chasquido de tus dedos, sería demasiado hermoso.

Los dos son inseparables, por ejemplo, cuando piensas en irte a algún lado, haces las maletas, no serán empacadas sólo por el poder de tu mente. Una planta necesita agua y luz solar para prosperar, si no hay ninguno de estos dos elementos, muere.

La vida es un camino montañoso, detrás hay valles, imagínate llevando sacos de arena que representan tu carga, representan tus miedos, dudas y deseos. Deshazte de estas bolsas, y el viaje será más ligero.

Todo esto es parte de un proceso más o menos largo dependiendo de la persona, ya sea introvertida o extrovertida, así que empecemos de inmediato.

Este proceso se llama "Cíclico" porque nuestras decisiones tienen ciclos (o revoluciones), les doy, en este libro, las instrucciones para usar este proceso.

En otras palabras, algunas personas tienen más facilidad que otras, pero el propósito de este libro sigue siendo el mismo, el éxito, usted sentirá un sentimiento de orgullo al final.

¿Dónde estás en tu vida? ¿Cuáles son sus éxitos o fracasos?

Primero, mírate a ti mismo sobre lo que tienes y lo que te falta.

¿Has cometido algún error en tu vida? Sí, pero no puedes pensar en ello para siempre. ¿Qué tan decidido estás a hacer de tu vida un éxito?

Todas las terapias deben requerir un buen diagnóstico, de lo contrario es inútil! También podría poner un vendaje en una herida abierta, "¡tres aspirinas y volver en un mes! "¿Realmente crees que todo se puede curar así? Una casa sin cimientos no tiene sentido. Lo que estoy tratando de explicarte es que tienes que ir a la fuente del mal para tratarlo mejor, un médico no da medicamentos a ciegas sin un diagnóstico preciso.

Este es el primer paso en su transformación, para llegar al corazón del tema que quiero desarrollar con ustedes.

Romper los lazos con su condición

Lo que se mencionará en este libro viene de experiencias conocidas a lo largo de mi vida para llegar a esta frase en esta página, sé bien que no todos han vivido la misma experiencia, pero encontrarás similitudes. Le mostraré cómo romper los vínculos de su condición actual y adoptar una nueva forma de pensar.

Primero te enseñaré a ser más fuerte psicológicamente, porque puedes, créeme! Todos tenemos poder dentro de nosotros, incluyéndote a ti, está más allá de cualquier cosa que puedas imaginar.

Es importante seguir los primeros pasos de este libro antes de comenzar el trabajo en profundidad sobre ti mismo.

PARTE I : PUNTO DE VISTA TEÓRICO

CAPÍTULO 1: DIAGNOSTICANDO EL ORIGEN DE NUESTROS MALES

"La mejor manera de luchar contra el mal es un progreso decidido en el bien. »
(Lao Tseu)

¿Por qué nada funciona como queremos?

¿Por qué nada funciona como queremos?

Cuando los intentos de éxito son desperdicio inútil, debemos buscar explicaciones. Hablar de lo que funciona sin hablar de lo que no funciona es como dar una respuesta sin preguntas.

¿Qué pasó en nuestras vidas? Desde que nacemos, todos somos idénticos, no estamos contaminados por elementos externos, al menos los primeros años, luego, poco a poco, descubrimos nuestro entorno en el que crecemos, todo lo que vemos u oímos da forma a nuestras vidas de acuerdo a cómo interpretamos la situación en nuestro subconsciente que crea todos los sentimientos, el miedo, la duda, la alegría, la tristeza y el coraje.

Todos tenemos una historia que nos ha llevado a este punto, nada ha pasado por nuestra cuenta, hay circunstancias que nos han llevado a ser tal o cual persona en tal o cual lugar, el entorno social juega un papel, yo no lo ocultaría.

El entorno en el que operamos influye en nuestro estado de ánimo. Vivir en un edificio insalubre con problemas de vecindario va en contra de nuestros pensamientos positivos, la opresión es dominante, creando sentimientos de miedo y estrés a diario.

Comprenderá que bañarse en un ambiente así no es beneficioso para nuestro estado de ánimo. Lo absorbes como una esponja.

Tal vez este no sea el caso para usted, pero si estoy escribiendo este libro, es para involucrar a todos, tanto a aquellos que no viven en el ambiente que describo. Me digo a mí mismo: "¡Bien por ti! "y, por otro lado, te permite entender a las personas que te rodean y que están viviendo esta situación.

¿Por qué algunos individuos lo hacen y otros no? Intentaré responder a esa pregunta lo mejor que pueda.

En primer lugar, está el entorno en el que nacimos y en el que evolucionamos. Este hecho parece verse frustrado por la interpretación que hemos hecho de este entorno desde la infancia, ya sea por voluntad o por resignación, inculcando creencias más o menos erróneas, la educación de los padres juega un papel, el arquetipo de un padre que estropea demasiado, o de una madre que es demasiado protectora, se nos enseñan las prohibiciones y lo que debemos hacer de acuerdo a ellas, nuestro libre albedrío parece estar perturbado por ser muy joven, este período en el que nuestro cerebro registra la mayor parte de la información.

Usted es parte integral de un sistema llamado "el paradigma", un código social relacionado con un grupo de individuos de su entorno. Si naciste en el mundo obrero, inconscientemente reprodujiste todo lo que viste o escuchaste. Has aprendido a situarte en una jerarquía, a odiar a los líderes empresariales o a todos aquellos que tienen éxito, cuando quieres convertirte en una de estas personas, hay una forma de incompatibilidad en el testamento, te paraliza, sería como decir "quieres ser un jefe, pero no te gusta, así que no te gustará a ti mismo". "está anclado en ti.

Para describirles el paradigma, permítanme darles un ejemplo:

Se realizó un experimento con cuatro monos en un zoológico, en el centro de la jaula donde estaban parados, hay una escalera, encima de ella, plátanos.

Uno de los primates subía por la escalera para recoger los plátanos, y los otros tres se estaban duchando de agua fría.

Entonces el que subió la escalera fue removido y reemplazado por otro, ignorando lo que había pasado antes. Está sentado frente a la escalera, y en cuanto puso el pie en el primer peldaño, los otros tres monos empezaron a gruñir (sin chubasco de agua fría).

Uno de los primates, uno de los que aún no había subido a la escalera, estaba siendo reemplazado y luego colocado frente al primer peldaño. Naturalmente, empezó a ascender.

Los dos últimos monos, así como el que no estaba al tanto del chorro de agua fría, empezaron a gruñir.

Finalmente, los que al principio del experimento habían experimentado el chorro de agua fría son reemplazados por otros dos, ninguno de ellos sabía lo que pasaría si tocaban los plátanos.

Uno de los nuevos empezaría a subir la escalera, y los otros gruñirían. No sabían por qué, pero siempre ha sido así.

Tendré mi propia experiencia contigo (sin escalera ni plátanos):

Coge cuatro bolígrafos, uno verde, uno rojo, uno azul y uno negro.

Escribir *"rojo" en "azul", "azul" in "verde", "verde" in "negro" y "negro" in "rojo"!*

Ahora, lee lo más rápido posible los colores que has anotado (por ahora es fácil)

Entonces haz lo mismo, pero sólo nombra los colores de las palabras (¡ah! parece estar ligeramente atascado!)

Luego alternar, una palabra, un color (se vuelve difícil)

Para mostrarte el impacto que la mente subconsciente puede tener en cómo interpretas las cosas, el paradigma está grabado en tu mente subconsciente, pero con el entrenamiento, podemos superar esto, nada es imposible hasta que lo intentamos.

Tu mente se ha convertido en un "ídolo de oro" en tu vida, son tus convicciones profundas, crees que estás seguro de tener razón (tus experiencias te han dado forma). Tienes tus propias creencias sin que ésta sea la verdad absoluta, constituyen una barrera para tu éxito, son tus frenos inconscientes los que te susurran "es inútil", "ya lo he intentado", "no es para mí".

Te mientes a ti mismo poniendo una burbuja protectora a tu alrededor, tiene algo que ver con tu pasado, evitas el miedo a la burla o al "qué diremos de ella", el miedo al hazmerreír popular te bloquea en el punto en el que te encuentras, frente a ti, hay una barrera que te parece infranqueable. ¿Tengo razón o al menos en parte?

No forjar un "ídolo de oro" para ti mismo, no actuar según las creencias de los demás y confiar en ti mismo y en lo que te parece correcto.

También está nuestro carácter, desde introvertido y tranquilo hasta extrovertido y enfadado (y viceversa), que forma parte de nuestra herencia genética.

Un niño inquieto y enojado tenderá a sospechar de sus padres y maestros, mientras que un niño tranquilo tenderá a obedecer, incluso bajo molestias, no buscará el conflicto, pero con el paso de los años, con la compañía que ha conocido en positivo o negativo, su temperamento cambiará a un lado o al otro. También podría rebelarse si tiene las agallas para hacerlo.

Nuestra alma actúa como una esponja que absorbe todas las energías positivas y negativas, lo que sentimos, lo que oímos afecta nuestro estado de ánimo y creencias dependiendo del ambiente en el que vivimos.

Cómo usar tu mente subconsciente

Suponga que usted tiene que construir una pequeña casa de piedra, usted toma bloques lo suficientemente grandes para construirla, usted está seguro de lo que está haciendo y le parece sólido.

Esta casita es tu orgullo, la has realizado con tus propias manos y durante años ha resistido la prueba del tiempo.

Un día, un arquitecto visitante vio su trabajo y fue a encontrarse con usted de esta manera: "¿Este es tu trabajo? »

Orgullosamente, usted respondió "¡sí, soy yo! »

Él respondió: "Me pregunto cómo algo tan inestable puede aguantar, en 10 años de experiencia, ¡nunca he visto algo así! Las piedras están mal distribuidas, tienes suerte de que no te haya caído encima. »

Este arquitecto ha sembrado la semilla de la duda en ti, y crecerá con tus nuevas convicciones. Todo lo que te enorgullecía ha desaparecido, esta duda crece y se convierte en miedo, revisas la estructura de tu casa varias veces, das vueltas cada vez para buscar posibles defectos, y por la noche, tienes problemas para cerrar los ojos.

Piensas en ello todo el tiempo y te dices a ti mismo: "¡Espero que no me caiga encima! »

En muy poco tiempo, este pensamiento se desvanece, te dices a ti mismo que ya no hay razón para preocuparse, que te preocupas por nada, mientras duermes en silencio, lo que pensabas que estaba pasando, en medio de la noche, "patatras", es un desastre.

¿Qué ha pasado? Tus convicciones se han puesto patas arriba. Las piedras representan tus creencias y el arquitecto simboliza juicios y críticas. Revisas las paredes y no pasa nada, hasta el día en que ya no lo haces (principio de la undécima hora, ¡Hablaré de esto más tarde!).

Lo que quiero decir con esto es que si crees firmemente en lo que estás construyendo, durará mucho tiempo, pero si te dejas abrumar por la crítica, todo se desmorona, no te dejes llevar por los juicios o las críticas, se trata exclusivamente de ti y de tus creencias. Tu casa, puedes reconstruirla mejor, aprender de las críticas, no te rindas por lo que escuchas o lees en otros lugares, y superarte a ti mismo "cuando quieras, puedes". »

En nuestras vidas, todos tenemos un mapa del tesoro, depende de nosotros encontrarlo! Tienes algo en ti que es más fuerte que la adversidad, atrae desde dentro y ya no temes a nada, avanza sin miedo!

Nunca es demasiado tarde para cambiar de vida, para tomar otro camino, pero sobre todo, hay un gran trabajo de reconstrucción, empezando por los cimientos.

La huella y la matriz

Todos somos idénticos en origen, desde el momento en que nacemos, tenemos una envoltura carnal que acoge a nuestro espíritu, es este cuerpo el que nos permite evolucionar en el mundo en el que vivimos e interactuar con los demás.

Aunque nuestras mentes son idénticas, sus formas de evolucionar difieren según dos criterios: el entorno en el que crecemos y la forma en que se tratan los datos según creencias personales e inculcadas.

Lo que determina por qué algunas personas luchan por sobrevivir, y otras permanecen plácidas y asustadas, son las huellas dejadas en nuestro subconsciente, las creencias que creamos a partir del aprendizaje de la vida, lo que nuestros maestros o padres nos han dicho, las nociones de lo que es correcto o incorrecto, la interpretación que se ha hecho de él, es decir, ser un niño que se rebela y se resiste a la autoridad paterna, que quiere romper las prohibiciones, y el niño sabio que quiere ser obediente, por miedo a cometer errores y querer correr recto.

En nuestra infancia, estábamos inundados de prohibiciones en nuestras mentes, cosas que había que hacer o no, se nos impusieron frenos en nuestras mentes diciendo "no es para nosotros", sin habernos tomado el tiempo de descubrir o intentarlo, encerrando nuestra curiosidad en una forma de caja de Pandora. Y si ahora rompemos la cerradura, ¿qué averiguaremos? ¿Qué esconde dentro? Todas las oportunidades perdidas en las profundidades de las creencias populares o familiares, creando el dogma del llamado pensamiento verdadero, pero nada se cierra en lo absoluto, pero no queremos forzar las prohibiciones.

No todos hemos tenido la oportunidad de nacer o vivir en un ambiente fácil y propicio para la positividad, hay personas que se conforman con lo que tienen en contra de su voluntad, no por elección, pero la resignación ha primado sobre su deseo de salir de este ambiente, no es como ustedes que han elegido salir de él, para llegar allí en la vida, también debemos reconocer que todos son diferentes, por lo que no todos trabajan de la misma manera.

La aceptación de su situación es el peor mal que puede existir, no estoy diciendo que en un momento dado aquellos de los que estoy hablando no quisieron salirse con la suya, es una combinación de eventos que los han empujado a aceptarla muy tristemente, empujándonos a hábitos diarios sin que necesariamente nos demos cuenta al principio.

Cuando se observa la vida diaria de algunas personas y el entorno en el que viven, tampoco ayuda. A medida que nos proyectamos en las cabezas de estas personas, sentimos el trastorno mental paralizante, a medida que nos proyectamos en ellas, ¿qué veríamos en ellas?

Sé que el miedo puede paralizar la voluntad, y que a pesar de los deseos, hay un trasfondo de miedo y resignación que prevalece. Por eso comienzo este libro con una nota negativa, porque el mal debe ser curado de raíz si queremos darnos la oportunidad de cambiar nuestras vidas y mejorarlas.

Análisis teóricos de energía

Funcionan por resonancia, lo que llamamos "campos vibratorios", nuestro cuerpo emite ondas de acuerdo a tu estado de ánimo del momento y tus sentimientos.

Inconscientemente, siempre hacemos las mismas cosas, siempre cometemos los mismos errores, ¿no ves que la vida se repite una y otra vez? Porque estás atrapado en un círculo, también conocido como el "círculo vicioso" o "espiral infernal".

¿Has visto la película "Un día sin fin", en la que el protagonista repitió las mismas cosas una y otra vez? Se las arregló para arreglárselas al final aprendiendo de sus errores todos los días, será lo mismo para ti.

Imaginemos un torbellino girando en sentido contrario a las agujas del reloj con un tamaño grande, y otro torbellino más pequeño, justo encima, girando en sentido de las agujas del reloj, estos dos torbellinos representan acumulaciones de energías negativas y positivas, uno no gira sin el otro.

Al cambiar nuestros hábitos, se transferirá energía negativa a energía positiva, habrá un fenómeno de succión que se incluirá de un vórtice a otro, se sentirá débil al principio en su entorno.

Para dar una imagen más precisa de este proceso, estos ciclos, como me gusta llamarlos, funcionan como los piñones de un reloj (para simbolizar mejor el paso del tiempo). El piñón más grande son las energías negativas, en este caso el más pequeño representa las energías positivas.

Ambos tienen un ciclo (o revolución), si marcáramos uno de los dientes de estos dos piñones de un solo golpe, nos daríamos cuenta de que la revolución sería más larga que la otra, sumando el tiempo que pasa, proporcionalmente para hacer el recorrido en sí mismo, por ejemplo, uno haría un recorrido en un año y el otro en un mes.

Si todas las decisiones que tomamos, las palabras que decimos y los caminos que seguimos estuvieran escritos en estas dos velocidades, las acciones serían equivalentes, y es por eso que cuando nos embarcamos en un proyecto, nos damos por vencidos al poco tiempo. Porque no se cumplen las condiciones.

En la situación actual, su mente subconsciente desengancha los engranajes que continúan girando por separado y al mismo tiempo. Es como si mantuvieras el pie en el embrague de tu coche, mientras mantengas el pedal pisado, es decir, mientras "mantengas el control", el vehículo no avance, libera gradualmente la presión sobre él, el vehículo comenzará a avanzar, y es por eso que necesitas construir pensamientos positivos, hacer buenas obras, consolidar todo en tu mente, ser fuerte moralmente, y cuando llegue el momento, cuando te sientas listo, libera la presión sobre el embrague, en otras palabras, ¡"suelta"! Esto conducirá al piñón de las energías cargadas positivamente.

Siempre estás en la espiral infernal, cuando empieces un proyecto, asegúrate primero de que no sea una fantasía de tu mente que sólo reproduce lo que has visto en la televisión o lo que te han dicho.

En reglas simples, construye tu mente con buenos pensamientos y haz buenas obras, enfócate principalmente en eso, marca el terreno, no te involucres innecesariamente, sabiendo que no estás listo para recibir todo lo que quieres cuando llegue el momento, déjalo ir.

Por el momento, todavía son presa de una masa de energías negativas que deben evacuar, sé que muchos están impacientes, pero, estén listos para recibir cuando todas las condiciones se cumplan.

Sin embargo, podemos invertir la tendencia, hacer que la marcha positiva sea mayor que la negativa, debemos ser conscientes de que todo es posible con un poco de voluntad. Nadie está condenado al destino.

El pensamiento tiene un enorme poder de atracción y lo usas inconscientemente!

No pienses en el cielo y la gran tormenta ocurrirá, ¡no te imagines el relámpago!

Ahora mismo, has estado pensando en ello, ¿verdad? Eso es porque tu mente no sabe de negación.

Haces cosas en tu vida que violan prohibiciones, inconscientemente, ¡lo haces! Por ejemplo, cuando veas un cartel de "no entres!" o de "pintura fresca de atención", tu curiosidad se apoderará de ti, estarás tentado de entrar por qué no puedes hacerlo, o de tocar la pintura para comprobar que está fresca.

Debes evitar proyectarte hacia el futuro, rumiando sobre "siempre y cuando" o "si sólo".

Por ejemplo, si piensas, "mientras un azulejo no caiga sobre mi cabeza", el problema es que has pensado en ello, y podría hacer daño cuando estás menos atento.

El azulejo se caerá de todos modos, pero no te preocupes, sólo será temporal, detrás de este "aunque", se esconde algo maravilloso, hay que ver más allá de la montaña, detrás de las nubes y la tormenta, hay un hermoso cielo azul. Absténganse de pensar en los acontecimientos futuros, son muy inciertos, aunque sólo sea para esperar algo maravilloso.

Nunca diría que es imposible, pero tienes que poner tu corazón en ello y cambiar radicalmente tu forma de pensar. Transformar sus debilidades en fortalezas, saber llevar todo lo que tiene dentro de sí mismo diciéndose a sí mismo que afortunadamente hubo esas situaciones que me despertaron y me hicieron darme cuenta de que era necesario un cambio real.

Para ello, tendremos que forzar los mecanismos de seguridad de nuestra mente subconsciente, que existe en tres formas:

• **El mecanismo de abandono** que nos dice que no vayamos más allá y que esta situación deseada no es para nosotros, es mejor que no empecemos y estemos satisfechos con lo que tenemos. En este mecanismo de abandono, podemos incluir el deseo de tener proyectos, lanzar planes sobre el cometa, y luego decirnos: "Después de todo, no es para mí. Esto sucede en lo que podría llamarse "la hora undécima" (el límite), estás tan cerca de ella que algo en tu interior te hace dudarlo, hay un sentimiento de renuncia que se desencadena, te desinfla a sólo unos pocos metros (o incluso unos pocos centímetros) de la meta.

• **El mecanismo de prevención** innato en cada uno de nosotros, es precisamente el que nos pone en alerta si nos acercamos a la mano de una olla hirviendo, nuestro subconsciente prevalece sobre la voluntad, y nos dice "¡detente, es peligroso!». Esto es lo que nos permite mantener el control de los acontecimientos, no los soltamos, cuando por ejemplo conducimos, si no estamos atentos, es el accidente, de antemano, te habrías dicho a ti mismo "¡siempre y cuando no tenga un accidente! "Sólo cuando soltamos la guardia, ya ni siquiera pensamos en ello, ocurre. Lo creas o no, la ley de la atracción funciona así, positiva y negativamente, pero debe estar incrustada en el subconsciente y en tu paradigma.

• **La voluntad frustrada,** que se puede resumir en querer algo sin darse los medios para conseguirlo. Además, no hacemos tortillas sin romper los huevos. La voluntad frustrada también se caracteriza por una eterna lucha en tu subconsciente, oscilas entre dos sentimientos y corrientes de pensamiento, quieres triunfar pero por otro lado, los que triunfan te dejan un sabor amargo, quieres ser rico, pero desprecias a los ricos, quieres ganar más dinero, pero sientes que el dinero no hace la felicidad, y esto es parte de tu paradigma, debes aprender a amar todas las cosas que deseas para conseguirlo a tu vez. No olvides ser generoso con la vida si quieres que sea generoso contigo a cambio.

La noción de bien y mal en términos de energía

Si pudiéramos transponer las influencias energéticas buenas o malas a creencias que son del orden sagrado, podríamos obtener una visión de lo que está bien o mal.

Un poco más arriba, mencioné las energías positivas y negativas en forma de torbellinos, si trazamos una línea entre las dos, arriba estaría el cielo, y abajo el infierno.

Podríamos muy bien hablar de karma (o del efecto bumerán), de las ondas que hacemos y enviamos al universo, que vuelven a nosotros un día u otro.

En el simbolismo, Dios representa la virtud, el camino muy trazado, el punto en la parte superior del triángulo de su cabeza en una representación hecha de él, que tiene como un halo, indica la dirección de la elevación de la conciencia, también parece un camino en perspectiva.

El Diablo, por otro lado, representa el vicio, la tendencia a la deriva, de caminos curvos como sus cuernos, es la desviación.

Sólo doy aquí una interpretación divina para que quede claro el tema, la cuestión no es si tengo razón o no, sino que ustedes tienen total libertad de convicción, igual que yo.

Dios lo explica de otra manera en los siete pecados capitales y en las diez mandamientos, nos da el camino a la virtud. Es un mapa, un plan de acceso a la armonía y la sabiduría.

Si se mira de cerca, todo es consistente:

La codicia determina no sólo el hecho de comer, sino también a nivel material, siempre está queriendo más y más sin dar tiempo ni comida. ¿Cómo podemos esperar tener más si no damos a los demás? Nunca (o rara vez) serás invitado a una mesa si no te invitas a ti mismo.

La pereza, dormir en los laureles, esperar que todo llegue cocinado en la mano, es como alejarse, hay pereza física y mental, hay gente que no se molesta en pensar, pero que tiene todas las habilidades para hacerlo. Hay personas que no eran perezosas al principio de sus vidas, pero que se volvieron perezosas por necesidad, por resignación, por malas experiencias del pasado, porque se acostumbraron a no intentar nada más. La pereza, en cierto modo, ha vuelto como una cultura de la vida.

La lujuria, la codicia, los placeres carnales excesivos, como la avaricia, es siempre querer más, un deseo que está lejos del amor físico o espiritual. El amor y el sexo son inseparables, si no hay interés en la persona con la que quieres tener sexo, tu pareja perderá interés en ti, dejándote con una mala reputación como coqueta, macho, especuladora, etc. Su imagen se verá afectada.

El deseo de ceder a la tentación, de darse el gusto, no hay necesariamente ningún daño en que, mientras no impacte a los demás, sea también mostrar altura sin estar a la altura de la tarea. El deseo de sobrepasar sin sobrepasarte a ti mismo.

La codicia, que tiende a apegarse compulsivamente a la riqueza material, hasta el punto de idolatrarla. Hay, en efecto, una búsqueda de acumulación para adquirir más y más, de manera exagerada y egoísta. Al igual que la codicia o la lujuria, significa querer más, pero guardándolo todo para ti, no se trata sólo de oro o joyas, sino que también existe a nivel material, una casa más grande, por ejemplo.

La ira atrae hacia ustedes las energías dañinas que los destruyen espiritualmente, y envía ondas magnéticas insalubres de regreso a sus alrededores. Es un movimiento desordenado de la mente hacia la violencia, manifestado por el estallido de voces (gritos), gestos vívidos, incluso palabras ofensivas y venganza. Los pensamientos de venganza también tienen un impacto, reaccionan muy bien a tu estado emocional actual, es la ósmosis entre los dos, tus energías deben ser redirigidas a pensamientos más saludables.

El orgullo es el hecho de atribuirse a sí mismo cualidades que uno no tiene y devolver todo a sí mismo, la persona orgullosa se cree superior y más merecedora que los otros individuos que desprecia, encontramos estos rasgos de carácter en los narcisistas.

Estos siete pecados mortales tienen una cosa en común, afectan a otros, y devuelven sentimientos negativos, y lo que es más, sólo conciernen a tu ego.

Están por debajo de la línea y el torbellino crece de estos vicios, dándole más fuerza de atracción y cualquier acción tomada para salir de ella será en vano si no cambias internamente, lo habrás entendido, el hecho de relacionarlo todo contigo mismo, ya sea en cualquier pecado capital, te encerrará en esta espiral infernal.

Pero después de las nubes, hablemos un poco del sol! Como ya he dicho, Dios nos muestra el camino, el camino a seguir.

Él ha puesto en marcha pistas en forma de virtudes teologales, no son numerosas, pero si creemos en ellas, tendrán la fuerza para sacarte del torbellino negativo.

Para desencadenar en nosotros el poder de atracción de las energías positivas, es imprescindible seguir una determinada hoja de ruta donde están las virtudes que son:

Fe: Es tener confianza, actuar sin miedo, mantener el rumbo en todas las circunstancias a pesar de los obstáculos de la vida, tener fe en tus sueños, detrás de los obstáculos siempre hay algo maravilloso, no pierdas de vista tus objetivos. Mantén este tesoro dentro de ti, avanza sin importar lo que pase, habrá trampas, pero enfrentarás los desafíos con gran éxito.

Esperanza: Puede tener dos bordes, nada vendrá solo, tienes que poner tu corazón en ello, no hay magia en vano en la esperanza, tienes que invertir en la esperanza de tener éxito sin tener necesariamente todo la primera vez, nunca te rindas, la esperanza y empezar de nuevo!

Caridad: Es olvidarse de uno mismo para dedicarse más a los demás, para dar tiempo o dinero, la caridad es dar energía positiva a los demás, sonrisas y gratitud. Nunca olvides que el hombre es el reflejo de tu espejo, lo que haces por los demás, lo haces por ti mismo. Todo volverá inevitablemente a ti si eres generoso, tienes la fuerza para olvidarte de ti mismo. Cuando le tiras un palo a un perro y él no va a buscarlo por ti, es porque si miras tu mano, verás que todavío lo tienes atado con una correa. ¡Suéltalo!

Las virtudes teologales están por encima de la línea, en el torbellino positivo que te llevará al éxito.

Esto es lo que también diferencia una mente abierta de una mente cerrada, las ondas negativas siempre se vuelven hacia tu ego, mientras que las positivas se vuelven hacia el altruismo, ¡piénsalo! ¿Qué quieres hacer hoy por los demás? ¿En qué les sería útil?

Liberas un aura dañina que se siente cuando te vuelves hacia ti mismo, esta necesidad de pertenencia y superioridad te hace sentir miedo a tu alrededor, aprender a mirar el comportamiento de ciertos individuos en tu presencia, esto dice mucho sobre quién eres.

No le des existencia al mal, se nutre de tus creencias, la única manera de destruirlo es ignorándolo, es una creación humana por las pruebas por las que estamos pasando, sin encontrar culpables, nos apoyamos en él, es una debilidad del espíritu que se materializa.

Tampoco hay Dios vengador, es amor, y todas las pruebas en el camino son sólo fruto del azar, depende de cómo nos acerquemos al problema, o nos convertimos en actores en nuestra existencia, o en víctimas, no hay castigos del cielo, te lo infliges a ti mismo con tu estancamiento, tus miedos y creencias, el bien y el mal están en ti, y eres tú quien se alimenta con tus pensamientos y acciones.

Si el universo es un "todo", tú eres parte de ese "todo", de lo que ves, sientes, oyes y tocas, todo está conectado. Dios está en todas las cosas del universo, en el aire que respiramos, en las montañas que vemos, en las flores que crecen en los prados, es lo mismo para ti, es la energía vital. Su opuesto es el mal que destruye esta energía vital, y depende de su contribución a través de la astucia jugando con sus emociones, se alimenta de sus miedos, su ira y todos los otros sentimientos no saludables.

Cuando entiendas la importancia de pertenecer a todas las cosas, de ser parte de ellas como un elemento, entonces sé consciente de que tienes esta parte de un "todo", y no hay límite, lo que deseas, lo que ya tienes, porque todo está ligado.

Para explicarte con más detalle lo que es el mal, es lo que se interpone entre tu ser y el poder divino.

Hablando de forma pictórica, se reduce a la incompatibilidad, se trata de invitarse a todo lo que se piensa, se bebe o se huele. Si Dios es el creador de un "todo", el diablo utiliza su obra desviándola.

Les animo a leer la obra de Napoleón Hill "más inteligente que el diablo", este libro explica por qué los hombres adquieren el hábito de derivar de sus primeros años, de su educación y de la interpretación de la misma.

El Karma

No estoy pidiendo a todos que se adhieran a todas mis creencias, pero si buscas una vida mejor, la espiritualidad puede ayudarte.

Para aquellos que creen en las leyes de karma, todas las acciones, buenas o malas, vuelven a nosotros con la misma intensidad, a más o menos largo plazo.

Para describirte el principio, ver a las personas que te rodean como tu propio reflejo, si le robas a alguien, te pasará a ti un día u otro, si te falta respeto, no serás respetado, pero si eres generoso, la gente será generosa contigo, es una ley universal.

El término "karma" en sánscrito significa "acciones", cada "acción" conduce a una reacción, y esto tiene una conexión con lo que hacemos en el momento o en el pasado que emerge en un momento más o menos inesperado de nuestras vidas. Todo vuelve a nosotros en algún momento sin que nos lo esperemos, o inconscientemente, sabíamos que pasaría. Por ejemplo, supongamos que usted juega squash (jugar tenis contra una pared), un segundo de falta de atención, y la pelota vuelve sobre nosotros con toda la cara, así que tenemos que estar atentos a lo que enviamos al universo, porque hay lo que se llama "el choque del retorno", o "el último momento".

Lo que llamamos "el último momento" son las circunstancias que suceden cuando no pensamos en ello lo más mínimo, nuestra atención está relajada. La razón de esto es que nuestra mente subconsciente bloquea el flujo de energías positivas o negativas, y cuando dejamos ir el objeto de nuestros pensamientos, todo termina sucediendo, al igual que cuando jugamos squash, si dejamos ir nuestra guardia, la pelota puede venir directamente encima de nosotros, y sería mejor si fueran actos benéficos.

El Karma, para los no iniciados, contiene doce leyes a respetar para mantener una vida saludable:

1) La Gran Ley

"Cuando siembras, lo cosechas. "Esto también se conoce como la "ley de causa y efecto". "Todo lo que emitimos en el Universo vuelve a nosotros. Si lo que queremos es felicidad, paz, amor, amistad, entonces debemos ser felices, pacíficos, amorosos y un verdadero amigo.

2) La Ley de la Creación

La vida no sólo sucede, sino que necesita nuestra participación. Somos uno con el Universo, tanto dentro como fuera. Sé tú mismo, y Rodéate de lo que quieres tener en tu vida actual.

3) La ley de la humildad

Lo que usted se niega a aceptar continuará poniéndose al día. Si lo que vemos es un enemigo, o alguien que tiene un rasgo de carácter que consideramos negativo, entonces no nos estamos enfocando en un nivel de vida más alto.

4) La Ley de Crecimiento

"Estás donde quieres ir. "Crecer en espíritu significa que somos nosotros los que debemos cambiar, no las personas, los lugares o las cosas que nos rodean. Lo único que se nos da en la vida es a nosotros mismos, y es el único factor sobre el cual tenemos control. Cambiamos la persona que somos en nuestro corazón, nuestra vida sigue el movimiento y cambia.

5) La Ley de Responsabilidad

Cada vez que hay algo malo en mi vida, hay algo malo en mí. Somos el espejo de lo que nos rodea, es una verdad universal. Debemos asumir la responsabilidad de lo que hay en nuestras vidas.

6) La Ley de Conexión

Incluso si algo que hacemos parece intrascendente, es muy importante que todo se haga como todo lo que se relaciona con el Universo. Cada paso, incluso el siguiente, y así sucesivamente. Alguien tiene que hacer el trabajo inicial para dar resultados. Ni el primer ni el último paso son de mayor importancia, ya que ambos eran necesarios para llevar a cabo la tarea. El pasado, el presente y el futuro están conectados.

7) La Ley de fusiones

No puedes pensar en dos cosas al mismo tiempo. Cuando nos enfocamos en los valores espirituales, es imposible para nosotros pensar en la codicia o la ira.

8) La Ley de Dar y la Hospitalidad

Si crees que algo es verdad, entonces en el curso de tu vida, serás llamado a demostrar esa verdad en particular. Aquí es donde ponemos en práctica lo que decimos haber aprendido.

9) La Ley del Aquí y Ahora

Mirando hacia atrás para ver lo que nos impedía estar totalmente en el aquí y ahora. Los viejos pensamientos, los viejos hábitos de comportamiento, los viejos sueños nos impiden tener otros nuevos.

10) La Ley del Cambio

La historia se repite hasta que aprendemos las lecciones que necesitamos para cambiar nuestro curso.

11) La Ley de Paciencia y Recompensa

Todas las recompensas requieren un trabajo inicial. Las recompensas sostenibles requieren paciencia y persistencia. La verdadera alegría sigue haciendo lo que se supone que debemos hacer, y esperando que la recompensa venga por sí sola.

12) La Ley del Valor y la Inspiración

Te devuelven algo sin importar cuál sea tu apuesta. El verdadero valor de algo es una consecuencia directa de la energía y la intención que pones en él. Cada contribución personal también contribuye a la totalidad. La falta de contribución no ha sido no tienen ningún impacto en el conjunto y tampoco lo reducen. Las contribuciones generosas traen vida e infundir.

CAPÍTULO 2: ¿QUÉ ES LO QUE TE BLOQUEA EN TU INTERIOR ?

Limitaciones y obstáculos

Algunos de ustedes probablemente tienen algunos obstáculos para sus proyectos: dificultades para concentrarse y proyectarse, sus pensamientos permanecen bloqueados.

Esta es la fase de la aceptación de la fatalidad, una forma de decir "¿cuál es el punto?", "nunca funcionará", "ya lo he intentado", ¿estás seguro?

Estás en una fase de pensamientos limitantes, un muro de falsas creencias que ha sido construido por personas que has conocido en tu vida, inculcándolas en ti.

Aceptar quiénes somos es lo peor es fatalismo, y leer algunos libros sobre desarrollo personal no será suficiente para tratar lo que es un problema fundamental, por supuesto, se proporcionan herramientas, pero el verdadero trabajo depende de ti.

Por el momento, crees que estás seguro en tu zona de confort, tu casa pequeña , tu gato, tu televisor para ver "La casa de papel" u otro, el mundo exterior no te alcanza, es un fenómeno inconsciente de autoprotección, todo se limita sólo a la burbuja que se forma a tu alrededor, pareces un hámster en su rueda, para dar vueltas en círculos, metro, trabajo y sueño. Tu vida es eso y nada más, y tienes que ir más allá de eso, cruzar barreras que parecen intransitables para seguir adelante, y recuperar el control de tu vida en lugar de tenerlo controlado.

Para discutir mi punto de vista, déjame contarte esta historia:

Un hombre encontró un huevo de águila un día y lo colocó en un bache. El águila nació en medio de una camada de pollitos de traspatio y creció como ellos. Toda su vida el águila hizo lo que una gallina de patio trasero hace normalmente. Buscó en el suelo insectos y comida y se estaba comportando de la misma manera que un pollo de patio trasero. Y cuando tentados voló, estaba en una nube de plumas y a sólo unos metros de distancia.

Después de todo, así es como se supone que vuelan los pollos de patio trasero.

Los años pasaron. Y el águila se hizo muy vieja. Un día, vio a un hermoso pájaro deslizándose en un cielo sin nubes. Levantándose con gracia, aprovechó las corrientes ascendentes, apenas moviendo sus magníficas alas doradas.

"¡Qué pájaro tan espléndido! "dijo nuestra

águila a sus vecinos..." ¿Qué es esto?"

"Es un águila, el rey de los pájaros"...... le gritó a su vecino..." Pero olvídalo. Nunca serás un águila. »

Así que el águila no volvió a pensar en ello.

Murió pensando que era un pollo de patio trasero.

Entonces, te hago la pregunta, ¿quieres comportarte como un pollo o como un águila?

¿Cuál es tu verdadero potencial en la vida, lo has usado alguna vez?

Los únicos obstáculos que existen son aquellos que voluntariamente o involuntariamente te impones a ti mismo.

Miedo a las reacciones

Estamos en el corazón de lo que te roe, la impresión que tienes hacia las personas es que tienen anteojeras, y no necesariamente admiten la verdad que les impones.

Por supuesto, no podemos adivinar el estado mental de todos, pero sus sentimientos y emociones siguen siendo los mismos.

Les pareces ser discreto en el mejor de los casos, o indiferente en el peor. En ambas situaciones, usted tiene poca o ninguna interacción con los demás.

Este bloqueo simplemente viene de ti, de cómo quieres ser percibido (en tu imaginación) y de cómo te percibes a ti mismo. Es tu ego el que habla, en todas tus acciones, cuando haces algo por los demás, te preguntas cómo se interpretará la acción, buena o mala, por un lado buscas inconscientemente el reconocimiento, y por otro lado tienes miedo de la crítica, ambas se centran en ti mismo. Será necesario corregir este comportamiento, tratar de hacer actos gratuitos, sin pensar en la estima que debemos darle! Tu ego es la señal de que quieres ser superior, mientras que inconscientemente, activas las leyes de la causalidad (o karma). Cada individuo es su propio reflejo, lo que usted envía a los demás se lo devuelve a usted.

Usted está considerando escenarios negativos, como la irritabilidad de la gente, la percepción errónea de sí mismo o la burla.

Pero la realidad es que permaneces en total ignorancia, porque no lo estás intentando. Te dices a ti mismo que es más cómodo no decir nada o no hacer nada, no buscar problemas con los demás, y en algún momento del camino, es loable a pesar de todo.

Imagina una línea en el suelo, que representa lo que te separa de tu meta.

Tu realidad es sólo una línea, la interacción es limitada, esta línea se llama "ignorancia", en el sentido de que al otro lado de la línea, no sabes cómo reaccionarán tus semejantes, mira a tu alrededor, es lo mismo para cada individuo, y sin embargo, algunos tienen la audacia de cruzar esta frontera representada por esta línea. En el otro lado está el "conocimiento", sabes un poco más sobre las intenciones del otro.

Por supuesto, hay riesgos, hay decepciones también, pero a diferencia de otros, porque casi todos son iguales (excepto los que han cruzado esta línea, como los grandes líderes), muchos son los que no dan el paso hacia lo desconocido, y permanecen en el estancamiento con su "a-priori" sobre ti y sus compañeros.

Así que, a diferencia de otros que pueden criticarte, no obstante la situación en la que se encuentran, es decir, no más que tú, burlándose, irritándote, impresionándote, se dará el paso hacia la vida real, mientras que otros se estancarán, royendo sus celos, llenos de remordimiento hacia ellos mismos, vistiéndote con muchos trajes o sobrenombres.

En realidad, depende de ti y sólo de ellos tener éxito o no, y es inútil criticar a los que tienen éxito, se han dado a sí mismos los medios. A eso, voy a hacerte una pregunta. ¿Alguna vez criticas a gente rica y famosa? Frente a su televisión, viendo a políticos o estrellas, usted quiere estar en el lugar de estos individuos, pero critica a estos individuos.

Si te conviertes en una futura estrella o en un político (¡nunca se sabe!), ¿te parecería normal que la gente te juzgara? Los que lo hagan, serán exactamente como tú eras!

Recuerda que el hombre es el reflejo del hombre, pero que los dos no tendrán el mismo punto de vista. Uno odiará al otro y éste se preguntará por qué es odiado, es el "tú" presente y el "tú" futuro. Respeta lo que quieres ser!

Si odias a los que están en la cima del poder, ¿cómo quieres hacerlo si envías ondas negativas sobre lo que quieres llegar a ser? Estás enviando una señal equivocada a las leyes del atractivo.

Parte del secreto está ahí! Ama lo que quieres ser, imagina estar en sus zapatos sin juzgar sus acciones actuales, no sabes si podrías hacerlo mejor así como no sabes cómo serán percibidas tus decisiones.

No se deje desestabilizar, siga adelante y nunca deje de hacerlo.
Si no crees lo que te estoy diciendo ahora, debes saber que Yo era como tú, mucho antes de que comenzaras esta larga transformación de tu mente, y mírate a ti mismo, antes, no te conocía, y ahora soy a la vez tu confidente y amigo en el sentido de que estoy actuando así, y lo que nos diferencia, esta línea que nos separa, nos empuja a ver que uno sostiene el libro y el otro lo ha escrito, uno es actor, el otro espectador, tienes pruebas de que todo es posible y te invito a unirte a las filas de los actores en tu vida.

¿Qué es lo que te impide seguir adelante y hacer realidad tus sueños? En mi propia experiencia, la renuncia o avanzar sin una meta específica está limitada por el miedo y la falta, hay diferentes tipos:

- *Miedo al fracaso*: Es uno de los obstáculos que te impide avanzar, crees en tu proyecto y quieres triunfar, es encomiable. Sin embargo, te das por vencido por tus "dones premonitorios", adivinas de antemano que fracasarás, así que no intentas nada, lo cual es una gran lástima. Se niega a afrontarlo o a estar seguro de que quiere tener razón, de que quiere proteger sus ideas, piensa: "¿Cómo puedo llegar allí sin que yo fracase? ». Tienes que aceptar los fracasos como oportunidades para seguir adelante, no para mantener tus ideas congeladas en el tiempo con preguntas, para saber el por qué del cómo, si fracasas, ¡hazlo de nuevo! Ninguna victoria es posible sin decepción, ¡aprende de tus fracasos!

Hace varios años, mi hermano y yo fuimos invitados a la casa de un amigo para tomar un café y conversar sobre cosas y otros temas, estuvimos en su apartamento, y de repente empezó a tomar un juego de ajedrez en un estante y lo puso en la mesa para nosotros.

Nos sorprendió su actitud, y mientras colocaba las piezas en el tablero, nos preguntó si ya habíamos jugado. Muy reacios a mostrar nuestra ignorancia, respondimos que habíamos jugado este juego antes pero que había sido hace mucho tiempo.

Así que nos explica las reglas, y luego nos pide que empecemos el juego. Estando un poco avergonzados por nuestra falta de conocimiento, pasamos nuestro turno, y él mueve su primera pieza.

Lo que dijo después nos hizo pensar, aquí están sus propias palabras:

"¡El ajedrez es vida! »

¿Qué crees que quiso decir con eso? En realidad, no avanzas en la vida, conozcas las reglas o no, porque estás "atascado" y no intentas nada por miedo al fracaso (de ahí el nombre "fracasos"). Así que tú pasas tu turno, y tu oponente asume el riesgo por ti, pero él sigue adelante.

Estás tan absorto en tu deseo de victoria que todo lo que hagas tendrá éxito, con un "pero si fracasa? "No sabes nada al respecto después de todo, la pregunta sigue abierta en el tiempo.

¿Y si te dijera que para tener éxito, tienes que fallar primero? Esto te parecería absurdo, y sin embargo, todos los que han tenido éxito han experimentado al menos un primer fracaso, nada de lo que sé se hace en el primer intento, los fracasos deben servir de base para el aprendizaje, cuanto más fracasas, cuanto más aprendes, más fuerte y más entrenado te vuelves.

Escribes en esto en una piedra blanca, en su escritorio, colgado de una pared, de una gran manera "¡lograr es antes que nada fracasar! ».

Si realmente quieres seguir adelante, vete al final de tu proyecto, aunque signifique meter la pata, no vivir con una gran enseñanza para saber qué es lo que está mal, ¡entonces empieza de nuevo!

Thomas Edison, cuando inventó la bombilla, tuvo éxito al final del intento número 10.000 de encenderla, y como él mismo dijo, no falló pero encontró 9999 maneras de no hacerla funcionar.

- *miedo al juicio*: Por supuesto, no complacerás a todos en tus ideas, no importa lo que hagas, serás juzgado por el bien o por el mal, es la naturaleza del hombre.

Un día, un niño le hace una pregunta a su padre:

- "Dime, papá, ¿cuál es el secreto para ser feliz? »

Sabiendo sólo para responder a esta pregunta, el padre le sugirió a su hijo que lo siguiera. Salieron de la casa, el padre sobre el viejo burro y el siguiente hijo a pie. La gente de la aldea acusada:

- "¡Su padre es un padre indigno! ¡Monta en su burro cuando su hijo lo sigue a pie! »

- "¿Has oído a mi hijo? Vamos a casa", dijo el padre.

Al día siguiente salieron de nuevo, pero esta vez el padre puso a su hijo sobre el burro y lo acompañó, sujetando la brida. Los vecinos decían:

- Aquí hay un hijo indigno: ¡aún no respeta a su padre y lo deja ir! »

- "¿Has oído a mi hijo? Vamos a casa", dijo el padre.

Al día siguiente, ambos se instalaron en el burro y salieron de la casa. Los aldeanos criticaron una vez más al padre y al hijo:

- "¡No respetas a tu bestia sobrecargándola así! »

- "¿Has oído a mi hijo? Vayamos a casa. »

Al día siguiente, se fueron con sus propias cosas, el burro trotando detrás de ellos. Esta vez, los aldeanos encontraron algo más que decir:

- "¡Ahora llevan su propio equipaje! ¡Es el mundo al revés!"

- "¿Has oído a mi hijo? Vayamos a casa. »

Cuando volvieron a casa, el padre se lo dijo a su hijo:

- "El otro día, me preguntaste sobre el secreto de la felicidad. Hagas lo que hagas, siempre habrá alguien que te critique. »

HAZ LO QUE QUIERAS Y SERÁS FELIZ!

Miedo al procedimiento : Es preguntarnos si estamos haciendo lo correcto o no, si no hemos omitido nada, qué pasos dar y a qué precio, en quién confiar, si nos pagarán y si fallamos, ¿habrá algún problema?

82

— *La falta de recursos* : te dices a ti mismo: "¿Qué sentido tiene pagar por una educación cara cuando probablemente no funcione? "Iniciar una empresa, sea cual sea, siempre tiene un precio que pagar, se descubre con el tiempo, hay que invertir en bienes de equipo y disponer de capital suficiente para evitar las molestias de una cuenta bloqueada o de una carta del banco. Por supuesto, tendremos que ahorrar dinero (eso es más que seguro), no empezamos en una empresa sin una forma de superar las dificultades, y habrá algunas. ¿Eres más como una cigarra o una hormiga? La tendencia es gastar dinero más allá de nuestros medios para darnos el gusto, no es realmente algo malo, pero hay que conocer las prioridades y saber qué será útil en el futuro, hacer buenas inversiones.

- *La falta de diplomas* : Quieres empezar y sientes que no tienes los diplomas o los conocimientos para hacerlo. Lamento decir que es una excusa falsa. Quizás esto era cierto hace unas décadas, mucho antes de la llegada de Internet, pero incluso sin ella, hay bibliotecas, cursos para adultos, centros de orientación, y ahora es posible pedir consejo y tomar medidas en línea. Es decir, también, para aquellos que conocen al cantante Renaud, que comenzó su carrera sin ningún diploma en la mano, mira ahora donde está, él es parte de esta categoría de individuos autodidactas (que han tenido éxito por sí mismos fuera del circuito escolar).

- *Falta de perseverancia*: Es tu lado obstinado de tu personalidad el que se destaca, es una manera irrazonable de ir siempre donde sopla el viento, de dejar ir cuando sientes que va a salir mal (bueno, lo que dices). Nada es fácil en la vida, si quieres tener éxito, tendrás que invertir en ti mismo. Nunca se dé por vencido con el argumento de que no parece lo suficientemente educado, desinformado, temeroso de juzgar o simplemente temeroso de fracasar.

— *Falta de concentración* : Es difícil para ti estar tranquilo, siempre te interrumpen por una u otra razón, o dejas de lado tus proyectos demasiado para encontrar otras distracciones, alejándote un poco más de la meta inicial.

Los excesos

Pueden retrasar la realización de sus sueños, existe un seguro de exceso, es una fuente de muchos errores cuando se hace un mal uso. Nunca confíe en su seguro de rutina, a menudo es la trampa, por ejemplo, asegurarse de cerrar la puerta al salir, lo hacemos sin siquiera pensar en ello, es precisamente la preocupación, no pensamos en ello!

Si conoce a pilotos de aerolíneas o de recreo, debe saber que para aterrizar sus aeronaves, deben seguir un procedimiento y tener cuidado de no olvidar nada, en un vuelo comercial, el piloto escucha las instrucciones del copiloto que lee una lista de maniobras a realizar: "*flaps? OK*", "*tren de aterrizaje? OK*". Un piloto turístico debe hacer las maniobras solo, si olvida el tren de aterrizaje, probablemente distraído por el paisaje o demasiado seguro de sí mismo, tenga cuidado con los daños.

Exceso de ego y autoestima : Cuando la confianza es demasiado fuerte y estás convencido de que tienes razón cuando estás constantemente en el error (¡naturaleza humana! ¡Cuando nos abrazas!), es el temperamento del "hombre obstinado compulsivo".

Falta de recursos debido a los excesos

Hay excesos ligados a la vida cotidiana, inseparables de la falta de todo, como el deseo de tener un nuevo PC, un nuevo sofá, de estar a la moda "fashion touch" para complacerte, pero que no tienes, después de comprar muchas cosas diferentes, más dinero para asegurar tus cursos, es también una falsa excusa. Recordad la fábula de la cigarra y la hormiga "la cigarra que cantó todo el verano se encontró muy privada cuando llegó el invierno" (el invierno es el de vuestra vida, la última estación).

*La falta de información debido a la pereza excesiv*a: o más claramente, la pereza de abrir un libro u obtener información, a veces tienes que ser violento contigo mismo, una pequeña voz interior tiene que decirte "*¡levántate!* ". Autodisciplina!

El pasado

Siembra las semillas de la duda, la prohibición y el miedo que han crecido en ti. Las decepciones, los rechazos, los malos golpes de la vida han frenado tu existencia.

A pesar de las apariencias, si sientes que tu vida ha sido un fracaso desde el principio, tu pasado es parte de ti, cuando lo usamos bien, nos permite tomar las decisiones correctas, los errores acumulados deben hacernos darnos cuenta de que no hemos tomado las decisiones correctas y que debemos empezar de nuevo. Esto es lo que te da tu identidad, es parte de ti, no cortes repentinamente el cordón umbilical entre lo que ha ocurrido en tu existencia y el momento presente.

Tienes que adoptar una nueva forma de pensar, una filosofía de vida diferente, y aprender a ser agradecido por todos los desafíos que te hacen más fuerte. ¡Úsala! Aprende las lecciones y hoy es una oportunidad para empezar de nuevo sobre una nueva base, para mejorar tu vida diaria y tus relaciones con los demás.

No dejes que tu pasado te domine, y domina tu pasado!

¿Dónde está el "límite"?

Descubrimos este límite cuando nuestro estado emocional cambia, pasando por el miedo, el entusiasmo o la duda, por ejemplo, si planeas hacer bungee jump, es cuando estás por encima del vacío, listo para lanzarte que descubres el "límite" de tu subconsciente, alerta a todos tus sentidos, pone una barrera delante de ti e impide que caigas hacia delante, pero una vez que estás colgado en el vacío, algo poderoso se dispara en ti que te quita el aliento, es "la pequeña muerte", nuestra existencia se vuelve superflua, el camino se cruza. Muchos de los "experimentadores" (aquellos que han experimentado la muerte inminente), no hablan de "retorno a la vida", sino de "renacimiento", han descubierto el "más allá" de la vida. Se han transformado completamente.

La duda

Hay momentos en nuestras vidas en los que nos sentimos más vulnerables, es necesario tomar control de nosotros mismos, superar las dificultades, requiere una mente fuerte, si te pasa a ti, preguntarte por qué te has tomado tantas molestias para rendirte de inmediato, no vale la pena rendirte, tienes que seguir adelante con tus proyectos, no importa cuál sea el resultado final, tienes que seguir adelante y empezar de nuevo tantas veces como sea necesario, no dejes ir tus sueños por tus dudas.

El ser humano es un ser fascinante y complejo, que a veces tiene pensamientos paradójicos, no siempre piensa de manera lineal, es una mente desviada y errante por naturaleza. En la relación con los que le rodean, busca cualidades que otros no tienen al principio, y después de un tiempo, encuentran los defectos que otros tienen.

Si te tomaras el tiempo para sentarte y pensar en ti mismo, respirar hondo y mirar a tu alrededor ahora mismo, te darías cuenta de que no hay nada dramático en ello. Si piensas en la vida, simplemente sigue su curso y puede haber cosas buenas y cosas malas, sólo ten cuidado.

En la cúspide de una creación personal, cuando estás casi allí, se crea la semilla de la duda, es como declarar tu amor a alguien, cuando llegas al umbral de tu puerta, sientes que te estás desinflando, tus piernas se tambalean, tus pensamientos se confunden, las paredes se levantan contra ti y ya no pareces avanzar. La manera más fácil sería evitar el problema, esperar un poco para estar en mejor forma para seguir adelante, pero ¿cuándo?

La duda permanecerá en este dulce desconocido, no harás nada para conocer su verdadero rostro, no hay alegría ni decepción, estás encerrado en tu pequeño consuelo de ignorancia, porque en el fondo, si no das el paso, nunca lo sabrás. Los obstáculos están en tu cabeza, a veces sólo tienes que bajar la cabeza, incluso si eso significa recibir una bofetada, pero así es la vida. Y cuanto más lejos vamos, más golpes recibimos, y más fuertes nos volvemos.

Para poner en práctica lo que he dicho, te voy a lanzar algunos mini retos, empezando poco a poco, desde las cosas que están a tu alcance, hasta las que están menos, el objetivo es ir paso a paso.

La imaginación

Dependiendo de cómo has vivido, has acumulado mucha información en tu vida, tanto en términos de entorno social como de aprendizaje, la imaginación toma forma.

Si tienes pocas herramientas, improvisas con lo que tienes. Hay códigos socioculturales de los que se tiene poco o ningún conocimiento. Tu mente sólo puede darte algunas respuestas, pero no las conoce todas, debes tener la iniciativa para darle "materia".

Hay que tener curiosidad por todo, leer libros, ver documentales, ir a exposiciones de pintura, hablar con artistas, alimentar la mente, ordenar todo, y mientras duermes, repensar tus días, todo lo que has aprendido y sigues aprendiendo es como piezas de un rompecabezas que se juntan para dar forma a

90

un proyecto. Esté ansioso de curiosidad, aunque no le guste ir a ciertos lugares, vaya allí de todos modos, probablemente le faltarán elementos para la realización de sus proyectos.

Déjà vu impresiones

A menudo hemos pensado en lugares que no sabemos que existen, o describimos dónde están, o movidos a lugares que activan un clic, sintiendo como si ya hubiéramos estado allí antes.

Científicamente, estas impresiones de déjà vu son desencadenadas por estímulos eléctricos en nuestro cerebro, el cuerpo humano tiene una carga de energía baja para que funcione, pero ¿qué causa estos estímulos?

Cada uno puede pasar de sus creencias, algunas de las cuales parecen excéntricas, a los partidarios de la creencia de los mundos paralelos, parecería que pasamos al mismo lugar que nuestro "otro nosotros", ya sea en el momento o en el pasado. Para otros, es un punto de confluencia de nuestro destino, es precisamente aquí donde debemos estar, aunque no suscribo tanto estas teorías, sigue suscitando reflexión.

El destino

Nadie está realmente condenado al destino. Nadie se interpone en el camino, el destino nunca está escrito en piedra, excepto en su imaginación, podemos controlarlo, su única forma de sobrevivir está en nuestro estado de ánimo, son nuestros pensamientos los que nos hacen tomar un camino en lugar de otro, con la complicidad de falsas creencias arraigadas en tu subconsciente, el mismo que ha moldeado cómo reaccionas ante las situaciones.

Lejos de ello, yo diría que somos responsables de nuestro destino, pero es el resultado de una acumulación de pensamientos erróneos en nuestra juventud, si se entiende correctamente, todo está ligado a cómo fuimos educados y cómo vivimos después.

El pasado ha dado forma a nuestro presente, lo que nos hace tomar decisiones que pueden ser catastróficas o no, así que no hacer nada es también una elección, ¡piénsalo!

Todos somos idénticos en un aspecto, habiendo recibido una educación, paternal, académica, relacional o profesional.

Qué nos han traído ciertas situaciones, para encontrarnos con personas o situaciones que guían nuestras elecciones según nuestras convicciones adquiridas y nuestras emociones del momento, pasando de la etapa de la ira al entusiasmo, podemos creer en accidentes felices, en la providencia que debemos aprovechar, así como en los azulejos y en el mal presagio que debemos evitar, pero ¿cómo diferenciar los dos si nuestra interpretación de estos conceptos es falsa?

Todo es una cuestión de elección de acuerdo a nuestro estado de ánimo del momento, aquellos que estábamos haciendo determinan nuestro presente, luego una cosa lleva a la otra, dibuja o caricaturiza nuestro futuro.

Nunca han sido realmente dueños de su destino debido a lo que han aprendido desde el comienzo de su existencia.

El fin de la vida

Para ustedes, todavía hay tiempo para actuar, o para permanecer con miedo al futuro que vendrá si no hacen nada al respecto, cuando nos acercamos a la jubilación y damos la vuelta en el camino recorrido, sentimos que hemos tenido una buena vida en su mayor parte, pero para otros, pasan el final de sus vidas gimiendo haciendo retroalimentación mental, estos viven en una tristeza inmensa, en tres cuartas partes de los casos solos en un apartamento o casa de retiro donde no hay un alma viva. Su última visión no es la de su(s) hijo(s) exitoso(s), sino la de la enfermera o médico que vino a acompañarlos, estrechando la mano de una persona ilustre desconocida.

Si no has planeado nada para eso, ¡hazlo! Hay pólizas de seguro de fallecimiento que contraté muy pronto, no es cuestión de edad, podemos morir muy jóvenes (enfermedad incurable o accidente). La parte más difícil cuando llegamos al final de nuestra existencia, una pregunta permanece abierta, ¿qué dejaremos atrás? ¿Algún problema? ¿Alguna deuda? ¿Quién se acordará de nosotros?

Debemos actuar aquí y ahora, no mañana, o dentro de un mes, ¡la acción de tu existencia está sucediendo ahora! Con el paso de los años, la muerte no esperará a que te decidas. Si no quieres arrepentirte más, ¡hazlo! Triunfar o fracasar, ¡pero muévete!

Auto-aceptación

Ya sea tu pasado, tu entorno social, tu educación o tu entorno, es tu vida, aprende a amarte como eres sin crear otro personaje. Son sus cimientos y es a partir de ahí que tienen que construirse a sí mismos, y sin una base, nada tiene sentido. Reconsidera tu vida bajo una mejor luz, encuentra fortalezas en las debilidades, y más tarde tendrás el placer de contemplar tu pasado estando orgulloso del progreso que has hecho. Ámense los unos a los otros y aprecien lo que tienen.

Pasividad y emociones

La pasividad se refiere a una persona en ausencia de todas las emociones, y sin ellas, no hay pasión, y sin pasión, no hay inspiración.

Tal vez te has resignado a vivir tu vida diaria sin gusto, sentado en tu sofá y viendo programas de televisión que confunden tu cerebro. Todo se reduce al metro, al trabajo, al sueño y nada más. La causa es la resignación, estás tan deprimido que parece que tienes problemas para levantarte.

Salga un rato, vea el mundo exterior, mire lo hermoso que es, respire y sienta todo a su alrededor! No te quedes encerrado en tu círculo vicioso, ¡haz algo nuevo! Descríbeme cómo te sientes usando tus cinco sentidos.

En este momento, estoy en mi terraza escribiendo estas líneas, hay un hermoso cielo azul, es mayo de 2018, hay poco ruido afuera, los coches están conduciendo, hay una taza de café en la mesa, estoy bastante relajado, sereno, por el momento, Sólo redacto mis escritos, encuentro ideas recordando los momentos que he vivido recientemente, una disputa, un momento de reconciliación, las palabras pronunciadas, incluso los acontecimientos negativos me inspiran, me hacen fuerte, y con una ligera sonrisa, incluso mi gato me inspira. Cuando buscamos con ahínco, la inspiración está en todas partes en la vida cotidiana, en los buenos y en los malos tiempos.

Hablando de "gato", me inspira más, en mi juventud, leí un libro de Ernest Hemingway, me dirías "¿cuál es la conexión?»

Ernest Hemingway era lo que podríamos llamar un "ailurophile" (aquellos que aman a los gatos) como muchos autores, incluyendo a Colette. Tenía más de cien en su casa de Key West, Florida, hoy en día es un museo donde viven permanentemente muchos gatos del linaje del autor, también le gustaba ir a pescar, era otra de sus pasiones.

De sus pasiones venía la inspiración, se movía, viajaba, conocía gente, si se quedaba en casa, su inspiración seguiría ahí, pero sería aburrida.

Cuando yo era adolescente, era en quinto grado, los demás alumnos y yo estudiamos un libro de este autor llamado "El viejo y el mar", cuando somos jóvenes, generalmente pensamos en algo más que en la lectura, bastante entretenido y menos acorde con el entorno del libro, muy poco inspirado, debo decir.

¿Quién hubiera pensado que un día, y ahora, leería unas cincuenta páginas al día, o un libro a la semana? Haga el cálculo en un año!

Lo que me faltaba era "la fibra", el deseo de leer, lo veía como algo aburrido, pero al final, aprecio cada historia, me paso una o dos horas al día en ella, no es nada durante 24 horas.

La lectura, más allá de enseñarme cosas, también me ha permitido escapar de mi vida diaria. Me hizo sentir emociones de las que nació la pasión, y la pasión es inspiración.

¿Qué fue lo que te dio las emociones más grandes en tu vida? ¿Enamorarse? ¿Ir a un parque de diversiones y montar en una montaña rusa? ¿O cualquier otra cosa?

Ya he experimentado grandes emociones de amor, miedo y fuerza, encontramos emociones en todas partes, y una de las que más me proporciona es el océano, la tormenta y el mar agitado,

Recuerdo la sensación cuando fui al lago Lemán, cerca de Thononon, en Alta Saboya, en octubre de 2003, aunque fui allí varias veces, fue en ese mismo momento cuando sentí muchas emociones.

No había mucha gente ese día, sólo unos pocos espectadores, contrastaba bien con la animada ciudad que conocí en verano con sus terrazas de café llenas de gente, turistas extranjeros de todo el mundo, Alemania, Italia o Inglaterra, a veces me divertía adivinando las nacionalidades de los turistas escuchándoles hablar, si no hablaban, eran de clase alta (bromeaba, por supuesto). En los muelles, había vendedores de bisutería, helados y bollería de verano, e incluso juguetes para niños, como pistolas de agua.

Pero la vida inspirada por Thonon en verano se transforma en un sentimiento de muerte, un vacío que se instala en mí. Volviendo al período del que hablaba, octubre de 2003, no puedo explicar por qué sentí una fuerte emoción cuando vi la agitación del agua y el fuerte viento que soplaba hacia mí, que me hizo respirar un aire que me dejaba sin aliento. Mirando lejos, en el horizonte, sentí un vacío, mis pensamientos se perdieron en la distancia, me sentí pequeño frente a los elementos, frente a la inmensidad del lago, inspiró miedo y algo insuperable, y quise desafiar la tormenta. En los muelles, había veleros, el golpeteo del viento en los mástiles temblorosos y el chasquido de los mosquetones que chocaban entre sí.

El lugar donde vivo es una gran fuente de inspiración, hay algunos para todo tipo de personas, para aquellos que les gusta volar en parapente, ala delta, en globo, nadar, o simplemente caminar por el bosque.

La trampa de la ira

Es uno de los siete pecados capitales, es fácil sucumbir a él cuando alguien realmente nos irrita, debido a nuestro ego y orgullo.

Cuando un individuo viene a ti enojado, déjalo hacerlo y controla tus emociones, por supuesto, estarás tentado a "calmarlo", a mostrar tus músculos sintiéndote ofendido, quieres que te respete, pero ¿cómo sería ser considerado como alguien impulsivo o violento? Sólo empeoraría la situación, dos fuerzas negativas en conflicto, crearía chispas y se correría el riesgo de absorber parte de su energía negativa.

¿La solución? Mantén la calma y mantén su energía positiva, habla con calma para reducir las tensiones, no huyas, enfréntate a él y demuestra que no le tienes miedo, habla con calma, el objeto de la discordia encontrará un resultado favorable. Si lo escuchas, apártate de su punto de vista. Por supuesto, nada te impide defenderte si es necesario, pero si no es necesario luchar, ¡no lo hagas!

Hábitos y caprichos

Desde que éramos muy jóvenes, hemos mantenido ciertos hábitos, buenos o malos, esa no es la cuestión, que te han llevado a donde estás ahora.

Desde mi punto de vista, es difícil, si no imposible, embarcarse en un proyecto con un

100

piñón grande que contenga ira, dudas, amargura y miedo, y un piñón pequeño que contenga sabiduría, paciencia, fe y entusiasmo. Su positividad pronto será clara, a menos que cambie su estilo de vida.

Lo que llamamos Lubies son repeticiones deliberadas, es decir, iniciar proyectos por impulso y luego abandonar después de un tiempo. Deshacerse de él debe pasar por una granja de autodisciplina, si nos pasamos la vida cambiando siempre de opinión, no tenemos nada al final, debemos cumplir con objetivos claros. Si te parece demasiado complicado, pregúntate por qué es tan difícil y cómo puedo lograr esta meta, la respuesta es simple, cambiándote a ti mismo, tanto en tus hábitos como en tus maneras de pensar.

Si inicia un proyecto sabiendo que hay limitaciones, es como si quisiera acelerar al aplicar el freno.

Los famosos "sí, pero" y "ifs"

¿Si mi proyecto no tiene éxito?
¿Qué pasa si no me toman en serio?
Sí, pero necesito dinero.
Sí, pero ¿qué pasa si los clientes no están interesados en mi proyecto?

Sí, pero ¿cómo podemos hacer esto en un mercado ya existente?

Después, con este tipo de pensamiento, no llegarás a ninguna parte, porque está lleno de desánimo, haces una muy mala estimación de ti mismo y de tus habilidades reales. Recuerda que si la gente ha tenido éxito, puedes hacerlo, ¡tienes que ahuyentar al "demonio de la desmotivación" que hay dentro de ti!

Estás atrapado en tus propios pensamientos, consciente o inconscientemente, haces un bucle sin fin, sin importar las circunstancias. Mira dónde estás ahora, ¿tus decisiones te han llevado al éxito? Si me lees, lo dudo (a menos que sea sólo curiosidad de un lector y usted tiene encontrado mi libro por pura casualidad).

Haces el mismo patrón todo el tiempo, las condiciones y el entorno son diferentes, pero el resto es el mismo. Cuando tomas una decisión sobre un problema, lo pones en acción, lo que causa una reacción, si es positiva al principio, se vuelve negativa después, trayéndote de vuelta al mismo punto, y con otro problema. Tu vida diaria se trata de eso, empiezas ciclos de nuevo, incluso corrigiendo la situación, nada funcionará, porque tienes tu sistema de pensamiento, tu ídolo dorado, tus falsas creencias.

¿Cómo forzar los mecanismos psicológicos? Cambiando nuestros hábitos.

Una de las razones por las que el poder de atracción no te afecta es que probablemente esperas que funcione, hay una cierta cantidad de exceso de seguro en él.

Es como ser electricista cuando somos plomeros. Si nuestro conocimiento nos permite cambiar una simple bombilla, por una toma de corriente, tú también puedes hacerlo, sólo hay dos cables, pero poca gente sabe cómo nombrarlos, algunos dicen "es fácil, hay un + y un -", pero ¿cuál es el + y cuál es el -? ¿A qué corresponde el color rojo? ¿Cuál es su función?

En 1993, entré en el CECAM de Saint Jeoire en Haute-Savoie, donde pude aprender cuatro oficios, incluida la electricidad, y aprendí a nombrar los cables eléctricos, el rojo que designa "la fase" (el +) y el azul que designa "el neutro" (el -), y que dependiendo del tipo de corriente alterna o continua, en una casa, por ejemplo, podríamos alternar, pero no en una batería de coche.

Hay categorías de personas que dicen "¡Lo sé! ¡Lo he visto! "pero que son incapaces de reproducir lo que han visto con precisión.

Para construir un motor, hay que saber nombrar las piezas, conocer sus funciones y no construirlo en modo "Yo lo he visto hecho", pero es la resonancia de la mayoría de los individuos que lanzan proyectos, pero que "se rompen la cara" desde el principio.

El exceso de seguros en la vida diaria es una trampa en la que todos podemos caer, estar demasiado seguros de algo no significa necesariamente que funcione.

Estudia tu plan de vida cuidadosamente, actúa en el momento presente sin preocuparte por el futuro, porque está construido en cada acto que hacemos.

Reglas de oro

- Prepara el terreno en tu subconsciente, no te comprometas sin cambiar tu estado de ánimo. Y suéltalo cuando te sientas listo

- No cambies tu comportamiento bruscamente, hazlo poco a poco para dar tiempo a los que te rodean a asimilarlo, lo contrario sería un shock o una sorpresa.

- No te proyectes demasiado en tu meta a alcanzar con un sentido de victoria, esa es la trampa, te arriesgarías a gastar mucha energía para ser decepcionado al final.

- Sólo "hacer" (just do it!), tomar notas, hacer diagramas y un plan de vida (o ver), crear algoritmos (secuencias lógicas de cosas que hacer diariamente).

- Actúa en tus pensamientos como si el objeto de tus deseos ya estuviera adquirido.

CAPÍTULO 3: SU ENTORNO INTERNO Y EXTERNO

Hay dos tipos de ambiente, el primero es dentro de ti, es tu esencia, tus pensamientos, tu percepción del mundo, y el segundo es a tu alrededor, lo que otros, tu familia, tus amigos, conocidos, el ambiente social, ya sea que estés en la ciudad o en el campo, pienses o digas.

Su campo vibratorio

Reúne dos formas de energía, una positiva y otra negativa, ambas encerradas en una burbuja, y vibra en armonía con el mundo exterior, también podemos atribuirla a una cierta expresión, "estar en su burbuja" que significa estar en su mundo, contiene tus sueños, tu imaginación, tus miedos, tus dudas y todos los demás sentimientos. Cuando te guardas todo para ti mismo, dentro de este campo vibratorio, nada sucede fuera, hacia aquellos con los que te puedes encontrar.

Vivir en ósmosis con tus sueños trayéndote bienestar interior, no es suficiente y no cambiará nada en tu condición si no hay interacción con el mundo fuera de tu burbuja, nadie sabrá lo que está pasando dentro de ti si no los dejas entrar en tu jardín secreto.

Has construido una fortaleza de miedos y dudas alrededor de este campo vibratorio, todos los sentimientos positivos están encerrados en él, por lo que debemos decir que eres una persona cerrada, esto desafortunadamente lo sienten los demás.

También tengan mucho cuidado con lo que sacan de su campo vibratorio, las dos energías positivas y negativas pueden entrelazarse.

Debemos estar interesados en los demás, no porque te lo diga en este libro, sino porque eres parte de un "todo", es decir, de la intercomunicación de las energías que fluyen a través de los demás y de ti mismo. Tienes que estar interesado en los demás de una manera desinteresada, olvidar tus expectativas personales, sacar esto de tu mente, enviar olas de impaciencia a tu interlocutor.

"Es mejor vivir tus sueños que soñar tu vida"
(François Garagnon)

Tienes que externalizar tus sueños, incluso si eso significa arruinarlos, pero deja que se expresen, no te guardes todo para ti mismo en las sombras del arrepentimiento.

Un famoso cantante belga de nombre Jacques Brel habló en una de sus entrevistas en vídeo sobre la postergación, fue a mediados de los años 70, en esta entrevista contó la historia de un individuo que quería escribir un libro, pero antes de eso, tuvo que vender pepinillos, y luego empezó a escribir. Dos años más tarde, conoció a esta misma persona, que dijo: "Terminé de vender mis pepinillos, ahora vendo tirantes, pero después de eso, escribo un libro". A Jacques Brel no le importaba esta situación en este vídeo, porque todos somos un poco así, el hecho de posponer siempre hasta el día siguiente, y luego hasta el día siguiente. Su conclusión es le siguiente: "tirantes o pepinillos, si tenemos sueños, ¡debemos ir a por ellos so pena de que nos estrellamos! »

Si el camino hacia el éxito se resumiera en varios pasos, serían los siguientes:

Intenta, no importa el resultado, lo importante es no tener éxito la primera vez, de lo contrario, la decepción es grande, no hay proyección hacia el futuro, sólo el momento presente, lo que hagas ahora determinará tu futuro, lo esencial es "hacer", "Just do it!". Como diría una famosa marca de zapatos, así que no intentes tener éxito a toda costa la primera vez, ¡hazlo! Es muy sencillo!

Fracasa, aprende de tus errores y no los vivas como un destino, cuando crees en tus sueños, todo es posible. Si sois los únicos que creéis en ello, mentira las estadísticas que os llamaban perdedores.

Levántate, aunque parezcas atrapado en arenas movedizas, sigue avanzando, la tierra prometida no está lejos, quizás a pocos metros. Deslízate y empieza de nuevo, aprovecha tus errores en el proceso.

Manténgase atento al horizonte, tiene un objetivo que alcanzar y lo logrará si no se detiene en el camino. Es tu meta y no la meta de los demás, no dejes que nadie te desvíe de tu camino.

Comprenderse a sí mismo

¿Quién es usted en realidad? Te hablo en términos de comportamiento en relación con la vida, ¿eres del tipo crítico, respetuoso, económico, gastador, te quejas todo el tiempo, tomas la vida con filosofía, en cada pequeño momento del día, te dices a ti mismo que todo va a ir mejor después de la tormenta?

Analízate a ti mismo primero, encontrarás algunas respuestas a tus problemas.

Se pregunta por qué no puede llegar a fin de mes, ¿es porque no gana lo suficiente o está gastando dinero sin darse cuenta?

Si se siente incómodo en su trabajo, ¿es culpa de sus colegas, o es usted quien le hace ser juzgado? También podría derribar puertas abiertas.

En todo esto, llego a un punto central, ¿y si el verdadero problema fueras tú?

Si quieres entender tu enfermedad, tienes que encontrar sus síntomas!

En el otro sentido, por supuesto que hay gente que te juzgará, pero no deberías dar tanta importancia a lo que dicen, ¡tú solo das valor a lo que eres!

Por mi parte, y lo dices en ti mismo, tienes valor, imagina que estoy frente a ti diciendo esto y animándote, ERES CAPAZ DE MUCHAS COSAS Y VALES MUCHO MÁS DE LO QUE CREES QUE VALES. y ya puedes convertirte en una mejor versión de ti mismo. Aprende a aceptarte tal como eres, ¡Ámate a ti mismo primero!

Si haces el trabajo sobre ti mismo, te sorprenderás de todos los cambios que pueden ocurrir en tu vida.

CONFÍA EN TI MISMO!

En el capítulo anterior, discutí con ustedes el tema de los cíclicos, que no es insignificante, se trata de hacerles conscientes de lo que inexorablemente los empuja hacia el fracaso.

Te guste o no, eres arrastrado a una espiral infernal, sean cuales sean tus acciones, las consecuencias serán las mismas, el tiempo de la revolución del pequeño torbellino que representa las energías positivas permanecerá mínimo, establecer buenas relaciones con la gente, tener un diálogo fácil, hablar de las cosas y de otros con los extraños es una buena base de entrenamiento. Sin diálogo, es difícil darse a conocer, especialmente en el mundo de los negocios, donde los grandes jefes tienen que levantar el teléfono todos los días. Así que practica eso.

En primer lugar, hay que ser bueno con los demás y viceversa.

Si no resuelves punto por punto lo que te pasa a ti y a tus hábitos, se trata de sustituir un mal hábito y sustituirlo por uno bueno, reduciendo así el volumen del círculo vicioso, ahorrarás tiempo, habrá una clara mejora en tu comportamiento y en el de los demás hacia ti, las situaciones siempre encontrarán un resultado favorable.

Hágase estas preguntas! ¿Qué haces a diario? ¿Cuáles son tus prioridades para la vida y el entorno? ¿Es tu pasado lo que te molesta?

Hay una cierta percepción del mundo que nos rodea, de cómo lo sentimos, una interpretación psicológica de tal o cual individuo(s). Seguramente has experimentado una forma de autoridad paterna, una educación particular, citas que han tenido una influencia en tu mente.

¿Es usted uno de los que se reconocerá en esta descripción?

Por la noche, nuestro personaje regresó a su barrio de viviendas de alquiler bajo, donde había torres visibles al otro lado de la ciudad y cuyas antenas parecen tocar el cielo.

Condujo en su viejo coche cuyo kilometraje se estaba sintiendo, fatiga por un lado al llegar a casa del trabajo, y miedo por el otro cuando regresó a casa preguntándose con qué personas se encontraría. Estacionó su auto, revisó que su vehículo estuviera cerrado con llave, evitó miradas y entró a su edificio.

Cerraba la puerta con dos vueltas y encendía la televisión mientras estaba sentado en su sofá, con una taza de café en la mano para "liberar sus tensiones" (supuestamente). Miró las noticias anunciando que la tasa de desempleo había aumentado de nuevo, luego se sumergió en la película vespertina que mostraba la violencia, nuestro personaje estaba absorto, concentrado, mientras ignoraba que lo que veía jugaba con su psíquico, porque, la violencia que veía en la televisión, la encontraba en realidad en el exterior.

Tu cerebro es una base de datos de datos acumulada a lo largo de nuestras vidas, seguida de tus estados emocionales en estos momentos tan específicos.

Lo que quiero decir con eso, dado lo que has pasado, es que necesitas una reprogramación de tu cerebro para pasar de una posición dominada a una dominante.

En este capítulo estudiaremos las fortalezas y debilidades (que pueden convertirse en fortalezas), a fin de determinar el origen de los bloqueos, puede ser menos emocionante hablar del pasado, pero es necesario hacer un tratamiento de fondo.

Para hacer esto, miraremos hacia atrás, porque se trata de USTEDES. Te enseñaré a enderezarte y a ganar confianza, y sin pasar por este paso, no todo tendría sentido. En tu vida, todo ha sido remendado como un jarrón en el que ponemos puntos de pegamento, su belleza ha sido alterada.

Comprender a los demás y lo que nos rodea

Lo primero que hay que hacer es interesarse por los demás y su campo vibratorio, romper sus caparazones y enviar ondas positivas, ir con cuidado, sin necesidad de forzar, se arriesgaría a que su interlocutor apareciera y se volviera impermeable a sus palabras.

Una vez que sus caparazones estén rotos, esta persona confiará en ti y te escuchará, de lo contrario, tendrás que ganarlos primero.

No te presentes demasiado, deja que tu interlocutor te haga preguntas, respóndelas con la mayor sinceridad, abre tu corazón.

Todos necesitamos una comprensión plena del mundo que nos rodea, para ver a la gente vivir y tener su felicidad que te parece inaccesible, pero ¿estás seguro de que estas personas son felices en casa?

Pueden ocultar su tristeza cuando dejan sus hogares para cambiar de opinión, una de las lecciones que hay que aprender es que no se puede confiar en las apariencias, también se ve en las personas que parecen más pobres que tú. En su opinión, ¿pueden ser felices? Si están satisfechos sólo con los trapos que usan, sin preocuparse por el éxito, al menos tienen una percepción diferente del éxito.

Digo esto porque en la mayoría de los países de cultura aborigen, que se han desarrollado sin conocer nuestra civilización, se les habla de computadoras u otras tecnologías, es extraño a su cultura. Lo que tienen los hace ricos, lo que significa que todos tenemos una percepción diferente de la riqueza. Esto se explica por un fenómeno de "suficiencia cultural", no necesitan más, porque no saben que pueden tener más.

Cuando todavía estaba en la escuela secundaria, estudié la pirámide de Maslow, que reúne todas las necesidades que hay que satisfacer para alcanzar su pleno desarrollo personal.

Esta pirámide se construye por etapas, con las llamadas necesidades "fisonómicas" en su base, el hombre necesita beber, comer y vestirse, para vivir. En el segundo nivel, tenemos necesidades de seguridad. Los marginados se encuentran en este nivel y no pueden acceder al piso por encima del cual se agrupan las necesidades de pertenecer a una comunidad.

El desconocimiento de la posibilidad de obtener más allá de este nivel significa que algunas culturas están satisfechas con este tercer nivel y ya se imaginan estar en la cima.

Luego viene la necesidad de autoestima, de saber cómo nos percibimos a nosotros mismos y en relación con los demás, ¿se nos aprecia o no? Es en gran medida nuestro comportamiento hacia los demás lo que determina quiénes somos, porque aquellos con los que nos encontramos reflejan lo que les mostramos.

Cuando llegamos a la cima de esta pirámide, hemos logrado (o casi) todas nuestras metas, estamos en plena autorrealización, hemos logrado alcanzar una vida próspera y un muy buen confort de vida. El "o casi" significa que no deberías dormirte en los laureles y mantener el ritmo, de lo contrario te desmoronarás.

¿En qué nivel estás?

De hecho, usted está en el tercer nivel para la gran mayoría, y en el cuarto nivel para los demás.

Esto se explica por nuestro mecanismo de seguridad subconsciente, una forma de decir que estás muy bien donde estás, así que ¿por qué quieres más? Te responderé, porque todos ustedes pueden hacerlo. Pero no has sacado lo suficiente de ti mismo.

Dejen a un lado todas sus creencias pasadas, no se dejen absorber por el "eso dicen", no se comparen con los demás, porque todos ustedes son únicos.

Entiendo las dificultades que has tenido para llegar a donde estás, pero en el fondo, ¿es eso lo que realmente quieres?

Usted está paralizado por el miedo de perderlo todo al tirar los dados, dejar de trabajar para establecer su propio negocio parece ser un negocio arriesgado. Todo esto porque te han enseñado a rendirte, te han inundado con todo lo que se puede ver u oír en la televisión, en la radio, en los periódicos que hablan de guerras y de pobreza.

Lo primero y más importante es aprender a tener confianza en uno mismo.

La jerarquía

Una de las razones también vendría de la importancia que le das a los demás. El origen de estos pensamientos vendría de tu infancia cuando veías que los adultos eran "naturalmente" altos frente a ti, cuando los veías como figuras de autoridad, te sentías disminuido.

Cuando los adultos no te tomaban en serio en tus proyectos, incluso en la adolescencia, los maestros, los directores de escuela siempre mantuvieron esta autoridad y superioridad en ti. A lo largo de los años, esta superioridad que te inspiraron estaba arraigada en ti.

Durante tus prácticas, si es que has hecho alguna, estas figuras autoritarias te dieron una sensación de miedo. Pero díte a ti mismo que este sentimiento de miedo, ellos también lo tenían cuando eran más jóvenes, y casi nada te diferencia de ellos, excepto sus estudios y su capacidad para liberarse. Tuvieron la oportunidad de tener modelos a seguir y una mente consciente, abierta al mundo.

Lo que puede impresionarte es la edad, la cuenta bancaria, los diplomas y el vestuario, por otro lado es posible desmantelar todas estas creencias limitantes diciéndote que llegarás un día tan viejo como ellos (casi seguro, pero puse una reserva en ello porque podemos morir jóvenes desafortunadamente), entonces, puedes ahorrar de acuerdo a tus posibilidades, entonces, los diplomas ayudan, pero algunas personas lo hacen sin (autodidacta), y finalmente, el traje no es necesariamente sinónimo de éxito, lo llevo en todas las ocasiones y los precios se han vuelto muy asequibles.

Lo que te acerca a la jerarquía es que todos morimos, ricos o pobres, lo que nos puede hacer diferentes son las circunstancias de nuestro entierro, terminando en una fosa común o en una caja de abeto con mangos de oro.

Calidades y defectos

Cuando estaba en la formación de PNL en 2004 en la Cámara de Comercio e Industria, recuerdo que el orador mencionó en su curso que "los defectos pueden ser cualidades, y las cualidades pueden ser defectos".

¿No te lo crees?

Cuando te sientes el mejor, el más fuerte, el más inteligente, etc., creas un campo vibratorio a tu alrededor para que puedas ver a otros inferiores a ti y no como tus pares, nunca olvides que cada individuo que conoces es un reflejo de ti mismo.

Póngase en su lugar, tenga la capacidad de ponerse en el lugar y los sentimientos de su interlocutor, lo que también podemos llamar "tener el ojo externo".

¿Cómo crees que te perciben? Como seres soberbios, pretenciosos y orgullosos, les haces sentir estos sentimientos.

Cuando te encuentras en un estado en el que lo que sientes es un juicio erróneo de sus cualidades, ya sea que te sientas inferior o nulo, lo haces sentir con sólo verte a ti mismo.

Algunos tratarán de ayudarte, aceptar su ayuda, aún necesitamos a otros, no hay nada deshonroso en ello, y deja de pensar que eres incapaz, envenena tu existencia.

Eres normal y estás bien con tus zapatillas a pesar de las circunstancias. Aprende a ser impasible ante tus debilidades, no las muestres, y fuerte de tus convicciones, siempre sonríe y sé feliz.

He estado trabajando con una sonrisa en la cara que sorprendió a mucha gente, ¡porque las circunstancias no se prestaban a ello! Una tonelada de trabajo estaba extendiendo mis brazos? ¿Y qué? ¿Y qué? Nadie es sobrehumano, a pesar de la presión de mi empleador, hice mi trabajo silenciosamente, y la facilidad con la que lo apliqué me hizo terminar lo que tenía que hacer lo mismo que si estuviera estresado, la diferencia es que estaba menos cansado.

La pasividad en mi caso ha sido una cualidad, no estar abrumado por los acontecimientos, es completamente inútil y puede interrumpir su trabajo.

El magnetismo de una persona

A menudo hablamos del atractivo de alguien, pero ¿qué pasa con él?

Todos tenemos un capital energético desde el nacimiento y una caja de herramientas en nuestra mente, cada vez que pasamos por una situación, siempre tenemos una opción, que es la naturaleza humana, cuando alguien nos irrita, por ejemplo.

Tenemos la oportunidad de escucharla o ignorarla, de decirnos a nosotros mismos que este individuo es infeliz.

¿Y si tratamos de darle a esta persona algo de nuestra energía? ¿Sería menos infeliz o perjudicial?

Ofrécele una rosa a una mujer y ella te lo agradecerá, al contrario, si está demasiado amargada, te dirá "No quiero tu flor".

Por lo tanto, hay dos posibilidades para ti, o bien razonar de tal manera que diga "demasiado mal para ti", o bien entender por qué no lo quiere, dejar que se exprese sin interpretar, debe sentir que captas su atención, esa persona te percibirá como alguien que escucha, altruista, que no trata de justificarse, ni de presentarse a sí mismo. Captura esta energía con bondad, crecerá en ti, cuanto más hagas el bien a tu alrededor, y más serás apreciado.

La energía está en ti y en todos los que te encuentras.

¿Alguna vez te has dado cuenta cuando te sientes incómodo o, en presencia de alguien? Este individuo muestra su magnetismo, sin que tengas que conocerlo, a pesar de lo que hace o es.

El ambiente en el que vivimos es parte de un todo, de cada ser, de cada planta, de cada animal, inconscientemente, nos comunicamos entre nosotros, para darte algunos ejemplos, cuando tienes una canción en mente, ¿alguna vez has notado que una persona a tu lado la tararea? ¿O cuando miras a una persona por detrás delante de ti, la ves girarse y mirarte?

Es lo mismo cuando te sientes observado, giras la cabeza y, de hecho, alguien te está mirando.

He pensado en una persona en particular, la conocí hace poco, y sin embargo tuve una visión muy clara en mis sueños, llevándola en mis brazos y en un vestido de novia, ahora ella vive conmigo. Algunos dirán que es una premonición, pero las intenciones fueron compartidas, ella me dijo que me vio en sus sueños.

Tu entorno refleja en ti lo que les envías, es decir, las malas ondas, se acumulan dentro de ti, cuanto más cargada está la polaridad y más fuerte es el atractivo, tanto en positivo como en negativo. El secreto está ahí, haz el bien a tu alrededor! No dé una imagen desastrosa criticando, insultando o quejándose constantemente.

Por eso es importante mantener los pensamientos saludables, hacer pequeñas cosas para hacer sonreír a alguien, decir "hola", "gracias", "¿cómo estás? "muestra tu interés en los demás y ellos te lo devolverán.

Aquí encontrarás una de las puertas a la atracción de tus deseos emocionales y materiales.

Anime a los jóvenes a aprobar sus exámenes, deséeles felicidad o salud, asegúrese de que sonrían y de que sean ampliamente apreciados.

Las olas que la gente te enviará se acumularán en ti (muchos dirán "sí, pero no funciona"), algo muy importante, deja que las cosas vengan naturalmente, sin esperar a que vengan, vete a tu negocio, haz gestos o palabras de bondad o atención, y luego olvídate de tus expectativas de un regreso. Esto se hará gradualmente sin forzar.

La teoría del dominó

Cada acción lleva a otra, lo que también se llama una reacción en cadena y también depende de las decisiones que tomemos en la vida, no todo está condenado al fracaso, sólo si nos damos por vencidos, y estamos donde estamos, o bien asumimos el riesgo de derribar las siguientes fichas de dominó, o bien permanecemos en la incertidumbre, también es tomar conciencia y aceptar que podemos fracasar, lo que nos dará el camino a seguir, quizás otro fracaso, puede durar cinco veces, cien veces, incluso más allá.

Cuando te rindes, no sabes lo que hay detrás de la ficha de dominó.

Las decisiones que usted toma para su futuro son tan inciertas como el gato de Schrödinger. Encerrado en una caja, no sabes el resultado, y no te arriesgas a ir más río arriba.

Aprende a tomar riesgos, no te limites a tus miedos, cruza esa línea, ten confianza, lo que sucederá, pero no te desanimes.

Como dije, tus acciones te han llevado a donde estás ahora, no hay nada negativo que concluir, la vida siempre te da la oportunidad de rebotar, lo que te bloquea es que has aprendido a abandonar, tu existencia ha sido una acumulación de duros golpes, ¿y qué? Acepta en lo que te has convertido y empuja la siguiente ficha de dominó.

Cada acción tiene una consecuencia, lo que haces hoy determina lo que serás mañana, el mundo siempre está en movimiento, hagas o no algo, en tu estancamiento o en tu iniciativa.

Riqueza o pobreza no son sinónimos de éxito o fracaso

El medio ambiente no tiene estatus social, seamos ricos o pobres, depende de cómo son nuestras creencias desde el nacimiento, y cómo somos educados.

En el caso de un niño nacido en una familia rica, su padre es un empresario y se gana la vida, prospera, lo suficiente para protegerlo a él y a toda su familia de la necesidad, mientras que el niño le enseña a no tener miedo del futuro porque tiene todo lo que quiere de la vida, vive en un capullo. Su padre a menudo está ausente en viajes de negocios y no tiene tiempo para dedicarse a la educación de su hijo, a la transmisión de sus conocimientos, su madre se encuentra demasiado protectora con él y vela por su escolarización. Este niño cuenta bien con el rango social que le favorece, sin preocuparse en absoluto por la educación, es un joven rebelde. Unos años más tarde, no podrá hacerse cargo del negocio de su padre y se beneficiará de una herencia muy bella sin saber qué hacer con ella, porque no tenía la transmisión de conocimientos.

En el caso de un niño nacido en el seno de una familia pobre, si en la edad adulta tiene una razón para aceptar su condición, cuando decida luchar para salir de ella (si la tiene), creará una nueva cultura de la vida que debería haberse forjado desde la infancia, habrá acumulado tanto sufrimiento, tanto miedo, tanta duda que le será difícil tomar el camino correcto, pero eso no significa imposible.

Ego y mala fe

Todos tenemos un ego, excesivo o no, consciente o inconscientemente, pero actuamos principalmente por nosotros mismos, mirando más de cerca, ¿qué esperas exactamente de la gente que te rodea? ¿Satisfacción? ¿Reconocimiento? ¿Amor?

¿Analizar tu propio comportamiento con los demás, entregarte incondicionalmente o esperar a recibirte a ti también? Cuando ofrezcas algo, hazlo con tu corazón, no esperes ningún mérito, deja ir tus expectativas de recibir a cambio.

Vive en el ritmo del mundo que te rodea sin culpar a nadie, acepta que alguien está más educado que tú y otros menos, que unos van más rápido que tú, y otros más lento. Reconozcan que no tienen la ciencia infusa, simplemente viven en armonía con el mundo que los rodea.

En otras palabras, si quieres acercarte a la persona que quieres, es necesario que te acerques a las condiciones requeridas para ello.

La única manera de tener cegueras es en tus objetivos, y nadie tiene la verdad absoluta, ni tú, ni yo, ni tus parientes, ni siquiera el corrector que se rompe la cabeza con mi texto actual. Sólo Dios tiene este poder.

Este fue el caso de los directivos de una empresa cuyo nombre, lugar y fecha no mencionaría, por la sencilla razón de que trabajaba para ellos, y que no quiero estar del lado del equivalente del Sr. Dupont-Moretti para defenderme.

Esta estructura llamada *** no tuvo ningún beneficio, fue más bien en la pendiente descendente, sin embargo, los líderes hicieron todo lo posible para mejorar las condiciones de trabajo, pusieron pintura a derecha e izquierda, rellenaron agujeros en el suelo, incluso reconstruyeron los inodoros e invirtieron mucho en máquinas y otros medios técnicos.

Sin embargo, la empresa tuvo dificultades para despegar, los clientes se cansaron y fueron a ver si el césped era más verde en otros lugares.

Hubo críticas, muchas reuniones de equipo, que teníamos que producir más, que teníamos que prestar atención a la calidad de nuestro trabajo, que teníamos que ser acusados de todos los males, que teníamos que ser amenazados con el despido, etc......

A pesar de todo esto, no llegó nada, y los gerentes se preguntaron por qué los empleados no se involucraron en la empresa.

La razón es muy simple, sólo veían sus intereses personales y percibían a los empleados como objetos intercambiables, colocándose una espada de Damocles en la cabeza, sólo hablaban de las dificultades de la empresa, de por qué no estaban obteniendo beneficios, porque faltaban las "relaciones humanas" esenciales.

Los líderes enviaron ondas negativas, no escucharon los problemas de sus empleados, un generador de estrés y ansiedad creando depresión, si el hombre es un espejo para el hombre, no fueron escuchados.

Demasiado para pensar en sus ventas, beneficios, clientes, han olvidado que para que una empresa funcione, todos deben trabajar en equipo, los empleados deben ser reconocidos y valorados, de lo contrario el "no me importa" y la amargura se opone a la de sus superiores.

Y cuando hablo de reconocimiento, no se trata sólo de estrechar la mano al asumir el cargo, o de organizar salidas o celebraciones navideñas, nada que hacer, en realidad, es ser reconocido como humano, animar, decir que se está haciendo un buen trabajo, todo el mundo tiene que pertenecer a un grupo y ser valorado.

Mientras que los superiores sólo veían a los empleados como seres inferiores a los que sermoneaban, creaban un mal clima ambiental, una atmósfera "apestosa" de negatividad que tenía un impacto directo en la calidad del trabajo, en la producción y, posteriormente, en los clientes. Todo lo que les faltaba era el coaching (volveré sobre ello más adelante), el poder de impulsar a los empleados hacia la positividad, y eso debe seguir haciendo que el personal esté contento de venir a trabajar y de estar orgulloso de su empresa.

Convencer a los demás

Una observación que se ha hecho muchas veces a lo largo de los años es que algunos individuos son de mente cerrada. A pesar de sus conocimientos y estudios, algunas personas se encuentran con una verdad infundada de su subconsciente.

Incluso para nosotros, a veces perseveramos en el error, compartimentados en un sistema inconsciente de pensamientos, negándonos a reconocer nuestras deficiencias e ignorancia sobre ciertos temas.

El más hábil incluso sería capaz de hacernos tragar serpientes, para convencerte de que algo es cierto cuando no lo es. También depende de cómo se te percibe y de que, según ellos, estás constantemente en el error, no es tu conocimiento lo que atacan, sino tu persona, e idealmente, sería mejor escapar de estos individuos tóxicos y narcisistas.

Cuando usted dice que el color es verde, su interlocutor le responderá que es verde claro o azul, queriendo añadir una precisión para destacarse, aunque la verdad sea absoluta, querrá mantener "la razón" y el control puesto sobre usted.

O que estamos, en el campo de la vida cotidiana, política o profesional, como usted diga, las respuestas son del tipo "¡Pero no, no lo conseguirá! "o "la reunión estaba bien organizada, pero podría haber sido mejor".

Es difícil conseguir que alguien acepte tus ideas dependiendo de cómo se te percibe. La apariencia y la forma de hablar juegan un papel importante. Un remedio para superar este fenómeno es aceptar lo que otros dicen, incluso si la otra persona sigue estando equivocada. Porque su mente, como todas las demás, está en el egoísmo, todos queremos tener razón en lo que hacemos y decimos, sea cual sea el individuo.

Ayudar a los demás

La asistencia existe en dos formas, la "ayuda" en forma desinteresada, y en otro aspecto ligeramente más egoísta, personal, ya sea consciente o inconscientemente.

Inconscientemente, lo hacemos en la vida diaria, cuando compras, cuando vas a trabajar, contribuyes con alguien más, siempre. Si usted se pregunta de dónde viene su salario, está claro que viene del jefe, pero ¿quién le paga al jefe? Es a través de la venta de los productos de su empresa que se le paga, y ¿quién es el comprador? Puede ser usted u otra persona, si tomo el ejemplo de una marca de guisantes (un ejemplo que a menudo aparece en la economía, ¡quién sabe por qué!), si usted trabaja en la fábrica que los fabrica, nada le impide comprar una de las cajas en el supermercado. Entonces, cuando usted toma otra marca, contribuye a la remuneración de otra persona como usted. Cuando usted compra el último Iphone o un HDTV para complacerse a sí mismo, usted complacer a alguien más. Eso es lo que yo llamaría asistencia inconsciente.

Podemos ser altruistas sin creer que somos altruistas, por eso, debemos estudiar profundamente dentro de nosotros mismos y hacernos la pregunta, si te ayudamos, ¿para quién lo estamos haciendo realmente? ¿Para ser glorificado o notado, o para un propósito desinteresado y gratuito?

Cuando conocemos a una persona en dificultad, por supuesto que podemos ayudarla, pero cuando no entiende por qué está en dificultad, a pesar de nuestros consejos y apoyo, continúa su camino, al principio dice que ha aprendido la lección, pero al final, algún tiempo después, encontramos a este mismo individuo en la misma situación que antes, es casi triste.

Hay seres en esta tierra que pueden ahogarse en las dificultades, sin tomar ninguna enseñanza de lo que ha sucedido en sus vidas. Me pregunto si esto no es parte de su cultura de vida.

La lección a aprender es que tú también eres responsable de su condicionamiento, simplemente porque para esta persona, te conviertes como un cuerno de abundancia del cual él puede extraer, el problema es que "¡tú estás ahí! "y vivir en el momento presente de tu presencia.

No importa cuáles sean las dificultades, tu buen corazón te perderá, pero hay una manera de ayudar a estas personas, y es no dando ninguna ayuda, no, ninguna. Hay que ponerlos contra la pared, hay que sacudirlos en la mente, hay que sentirse solos en esta situación y hay que tomar conciencia de ello.

Cuando para ella, todo esto parece ser asimilado (al menos, esperemos), puedes volver y ayudarles "parcialmente" a volver a encarrilarla.

Esto se aplica a todos, entendiendo los tiempos difíciles de la vida y asumiendo la responsabilidad de sus consecuencias.

Aprende a apartarte de vez en cuando para pensar en ti mismo, sacrificar tu vida por los demás, centrarte en tu futuro y en tus planes y alejarte de estos individuos "tóxicos", ya sean familiares o amigos, lo que no excusa su abandono de sí mismos y cómo te hacen sentir culpable cuando no estás ahí para ellos.

Para servir con buen corazón, ¿quién sabe lo que eso significa realmente? Recordad! el hombre es un espejo para el hombre (¡o para la mujer, no seamos chovinistas!), y el don de sí mismo debe ser un acto totalmente gratuito, es decir, una vez realizada la acción de prestar el servicio, hay que olvidarlo de inmediato, no volver a pensar nunca más en ello.

Conocí a una persona en mi trabajo que vino a hacerme un favor sin que yo se lo pidiera, le dejé hacerlo, pero no había una razón real para venir a ayudarme.

Un día vino a verme para que le contara una historia descabellada y me dijo: "¡Recuerda! ¡Te hice un favor de todo corazón! "me sorprendió un poco con sus palabras y yo simplemente le contesté "entonces, ¿por qué vienes a quejarte de ello? "es porque él lo quiso y no porque yo lo pedí, hay matices.

En otras palabras, hacer una acción con un buen corazón, o lo haces sin reprocharlo después, o no lo haces. Nadie nos está obligado en este caso en particular.

Es también lo que también se atasca, no hacer nada para satisfacerse, pero para complacer a los demás, las leyes del atractivo son precisas, si no quieres hacer algo gratis, entonces no lo hagas.

Lo habrás comprendido, las leyes del atractivo no funcionan cuando somos demasiado individualistas, actúan con el karma, nunca olvides este principio "dar a los demás es darse a ti mismo", cuando ofreces un regalo, es como si este regalo fuera para ti, te pones en su lugar y sientes su felicidad. A diferencia de cuando lo haces con la esperanza de obtener algo a cambio, es tu ego el que se expresa, el que altera tu karma. Si hay un retorno, sucederá sin siquiera pensarlo, se llama el último momento, cuando las cosas llegan sin demora, a veces en momentos críticos.

Básicamente, prestar por ejemplo 20 € a alguien, es como prestarse la misma cantidad a cambio, si se reclama, o si se imagina que si se da esta cantidad para hacer reaccionar las leyes del atractivo, no funcionará, ¡hay que olvidar por completo! Es cuando ya no piensas en ello que todo sucede.

Si tengo algo más que añadir sobre el tema, sin mirarlo demasiado, cuando queremos ayudar a los demás, es si la ayuda es desinteresada, pero también, si alguien nos pide que lo hagamos. Antes he dicho que, en la mayoría de los casos, la mejor manera de ayudarles es precisamente no hacerlo, especialmente si no se les pide nada. Un aprendiz necesita trabajar en su mente lógica, si alguien está siempre detrás de él diciéndole cómo hacer algo, lo hará de una manera robótica sin saber por qué o cómo. Así es como me formé durante una de mis prácticas en una empresa, mi supervisor de prácticas me dejaba trabajar en el problema y, con perseverancia, lo lograba. Mi entrenador era muy duro, pero muy justo y nunca le agradecería lo suficiente. En la práctica, así es como se obtiene la "experiencia".

Pascal el hermano mayor

Necesitamos tener un ojo externo y autocrítico para entender lo que está mal, no todo el mundo ha visto este programa en televisión, tal vez ya no existe en el momento de leer estas líneas, sin embargo, hay videos en Internet que puede ver si está interesado.

"Pascal el hermano mayor" era una serie de televisión que contaba la historia de familias en dificultades a causa de niños o adolescentes rebeldes que lo hacían difícil para sus padres o parientes.

Su papel era reenfocar a estos jóvenes con problemas, teniendo el síndrome del "niño rey".

Cada situación era diferente, un padre ausente, niños demasiado mimados, padres demasiado débiles moralmente, etc. Lo que ocurrió en algunos episodios fue que los niños estaban convencidos de que tenían razón, que estaban en la vida real y que sus padres tenían la culpa.

Así que, para hacerlos volver a la realidad, Pascal llevó a estos jóvenes y a sus familias al verde, alejados de la vida cotidiana, donde comenzó una terapia de "reencuadre".

En algunos episodios del programa, pudimos ver a Pascal llevando a estas familias a un cine donde la gente de fuera de su situación, completos extraños atrapados en la calle, habían tomado sus asientos.

La película comenzó, el niño o adolescente vio las escenas de su violencia y se redescubrió a sí mismo para su sorpresa antes de que su cara se rompiera, tiene problemas para darse cuenta de que era él en la película. Lo que le faltaba era un ojo externo. Las críticas de la audiencia en la sala pronto siguieron, causando un mayor electroshock.

Mírate a ti mismo y ten un ojo externo imaginando cómo te ven los demás. Tome una grabadora y grábese usted mismo, mejor que eso, haga un video, observe su actitud, o pida a alguien cercano a usted que esconda una cámara en la habitación sin necesariamente explicar su propósito, incluso si le hacen preguntas. Lo que otros serán para ti dependerá de lo que tú seas para ellos!

Ser responsable

Una de las cualidades de un buen líder es saber cómo tomar todo sobre sí mismo, asumir la responsabilidad de sus acciones. Lo que hace la mayoría de las personas tiene el desafortunado hábito de "delegar" sus errores, que se observa varias veces en el lugar de trabajo, hace que la gente sonría aunque las circunstancias no lo permitan, cuando un trabajo se hace mal, culpamos a los demás, mientras que si está bien hecho, elogiamos sus méritos.

Por ejemplo, supongamos que hay un charco en el vestíbulo de una vivienda colectiva, que hay tráfico, que los vecinos van y vienen y se dan cuenta de que sigue ahí, y todo el mundo piensa: "Honestamente, alguien podría haberlo limpiado". "sin que sea uno de ellos, y basta que una persona decida tomar la iniciativa (al día siguiente), no todo el mundo tiene esta capacidad porque se dicen a sí mismos "yo no la puse ahí" o "ella ya estaba ahí".

Tendrán que darse cuenta de que para tener éxito, por sorprendente que parezca, debe hacerse a través de iniciativas, para dar ejemplo. A menos que seas una de esas personas que miran y no hacen nada más.

Nunca te preguntes quién hizo qué, como en el ejemplo del charco, te tomas en tus manos y lo recoges, sólo sería por ti mismo y por tu estima. Lo que otros hacen simboliza a aquellos que no avanzan, como puede ser caricaturizado por personas que trabajan en obras públicas, una cavando, y luego otras observando.

En el fondo de tu corazón, acumulas orgullo por hacer cada acto sin delegar, construyes tu propio edificio desde los cimientos, aprendes a construir y ganarás confianza diciéndote a ti mismo que al final, no fue tan difícil, el punto es intentarlo.

Además, no hagas nada para que la gente se fije en ti, pero para que te noten, deben ser gestos bastante naturales. ¿Te gusta cuando una persona te felicita cuando haces algo con tus propias manos? La idea te seduce que brota en tu mente, te da imaginación, y ¿por qué no practicar en este campo?

Repita una y otra vez y dé la bienvenida a todos los comentarios con amabilidad, ya sean positivos o negativos. Si son malos, eso deja espacio para mejorar.

He respondido a las encuestas de satisfacción de los clientes, aunque estaba muy satisfecho con los servicios, nunca di la calificación más alta para que la empresa que proponía una encuesta no se dijera a sí misma que todo estaba bien, así que no había necesidad de mejorar.

Así que, para recuperarme de lo que estaba diciendo, tome iniciativas, sean buenas o malas, no espere siempre a que alguien venga a decírselo, especialmente si no viene nadie.

PARTE II: CÓMO RESOLVER
PROBLEMAS

CAPÍTULO 4: EJERCICIOS PRÁCTICOS

"Yo nunca pierdo! gano o aprendo."
(Nelson Mandela)

Para recuperar el control, se necesitan varios pasos, incluyendo aprender del pasado, reescribir otra interpretación de la propia vida y actuar en el presente para un futuro mejor. Les enseñaré a recalibrar su campo vibratorio, y a poner en sintonía su ambiente interno y externo para que resuenen a la misma frecuencia.

Ahora es tu turno de jugar!

Primer ejercicio

Nada muy complicado, el ejercicio dura una hora (ya encontrarás el tiempo para ello), sólo tienes que sentarte o tumbarte en la cama (lo ideal es la segunda solución), relajarte - tú y no pensar más en el propósito de tu vida, ni en las molestias externas (una entrevista que salió mal, una disputa con un colega, el miedo a un vecino, una factura que pagar u otros). Las manos encima de cada uno en la altura de su corazón. Nadie debería poder interrumpirte por razones x o y, el cartero, la familia o los amigos no deberían llamar a tu puerta, por ejemplo.

Respira suavemente por la nariz, luego exhala por la boca, mientras intentas relajarte, recupera la calma, es muy importante.

Concéntrate sólo en tu respiración e ignora todo lo demás, si tus pensamientos vuelven, ya sean positivos o negativos, vacía tu mente mirando un objeto en un mueble, el ángulo de un trozo de pared, la mente debe ser y permanecer neutral.

Cuando has liberado tus pensamientos dañinos y ya no piensas en tus proyectos, eres lo que podrías llamar "en fase", puedes incorporar nuevos elementos positivos (aparte de lo que realmente quieres), imaginar que todo va bien a tu alrededor, no creas que no tendrás éxito, porque eso es exactamente lo que sucederá, porque te estás enviando energía dañina a ti mismo.

De la misma manera, decirse a sí mismo que es absurdo, cualquier cosa, es demasiado difícil, o el famoso "sí, pero......" (lo cual probablemente estés pensando), hasta que lo hayas probado, ciertamente no funcionará, mientras que si lo intentas, sólo te costará una hora de tus días de 24 horas, todavía te quedan 23 para hacer lo que haces.

Es un ejercicio de respiración, el objetivo es aprender a controlar la respiración y estar "en fase", confiar en el autor que escribe este libro que en su sentido tiene su utilidad (que no lo hace sólo para ensuciar el papel), no es complicado en absoluto, hazlo, me lo agradecerás más tarde.

También mencioné la incorporación de elementos positivos en este estado de calma y serenidad, que proviene del método de Emile Coué, además, los invito a leer su obra.

Piense en estas frases mientras sigue respirando:

"¡Confía en ti mismo! "todo estará bien", "todo estará bien", "todo estará bien! "Todo está yendo bien ahora!" »

Trata de sentir cada emoción de bienestar, ¿sabes? Tienes la habilidad de manejar tus sentimientos, sin forzar, ignorando todo lo demás.

Para concluir este primer ejercicio, dígase a sí mismo que es más fuerte y mejor que hace una hora, mucho antes de este ejercicio, trate de sentir una sensación de grandeza interior, piense en sus líderes, en su jefe, en todos aquellos que normalmente están por encima de usted, dígase a sí mismo que es mejor que ellos y que sólo tiene que demostrarlo. Todo se puede arreglar para ti, todos los días, el sol está y estará siempre allí, detrás de las nubes y eso no importa lo que pase. También es importante, acerca de cómo te comportarás con los demás, ¡guárdatelo para ti mismo! no hables de ello, y mantén estos pensamientos en un rincón de tu mente.

Segundo ejercicio

Tome una hoja en blanco de papel y material de escritura, y dibuje un círculo grande debajo de uno más pequeño. Me vas a decir "¡es un muñeco de nieve! "te respondería "¡por supuesto! "pero ese no es el punto.

Estas dos formas son sus dos marchas, una positiva (la superior) y otra negativa (la inferior).

Dibuje una línea horizontal entre estos dos círculos. Esto representa el "punto muerto", el lugar donde la energía no es ni positiva ni negativa. Cuando su vida se encuentra en un "punto muerto", no ocurre nada, al menos según las creencias populares, porque la vida evoluciona constantemente a ambos lados de la línea. Un pensador dijo una vez "lo único que nunca cambia es el cambio en sí mismo".

Por encima de esta línea, y alrededor del círculo, usted notará todos los eventos significativos y emocionantes relacionados con su niñez hasta la fecha.

Por ejemplo, podrían ser vacaciones familiares, países visitados, si has tenido diplomas, si has tenido tu licencia de conducir, tus relaciones amorosas o con quien te has casado, si tienes hijos, etc....

Deje ir su inspiración del momento! Puede completar esta lista cuando le venga a la mente una memoria.

Hasta ahora, nada muy malo, pero te muestra que en tu vida has tenido victorias, incluso en cosas de menor importancia.

¿Ves? Lo admitas o no ahora, has sido ganadora, más o menos grandes pasos que te han convertido en la persona que eres hoy en día. Así que, si han sido ganadores en el pasado, ¿cómo sería diferente hoy?

¿Bajo qué circunstancias obtuvieron estas victorias? Te doy el secreto de la inconsciencia.

A nivel personal, cuando aprobé mi bachillerato profesional en contabilidad, conscientemente no estaba convencido de tenerlo, e inconscientemente, había este deseo reprimido en la conciencia, había miles de preguntas en mi mente, incluyendo una en particular.

« Si no estoy convencido de que tengo mi título, ¿qué hago aquí y por qué me he tomado tantas molestias? »

Pensé en todos los que creyeron en mí, y puedo asegurarles que no había muchos de ellos.

Sobre ti ahora, ¿por qué hiciste todo esto y cómo sería diferente ahora? ¿Por tu vida o por tu entorno actual?

Te puedo garantizar una cosa, es que en tu corazón, has permanecido como la misma persona, el mismo niño con los ojos muy abiertos, y queriendo descubrir el mundo.

Si te tomas un momento del día para pensar en todo lo que te escribo, un momento de calma, ¡cerrarás los ojos y tratarás de concentrarte en tus hitos! No se trata sólo de pensar en los recuerdos, sino de impregnarse de ellos, ¡se imaginará cada detalle, las circunstancias y las emociones que se sienten!

Cuando haces esto, aislado del mundo exterior actual, en calma, experimentarás una sensación de bienestar. Encontrarás fuerza interior y te dirás a ti mismo: "Yo era fuerte entonces". »

Les diría que lo hagan más tarde después de leer las siguientes líneas, porque estoy con ustedes para hacer un trabajo de fondo.

El siguiente enfoque es necesario para evolucionar y no puedo dejar de lado los aspectos negativos que también constituyen su vida.

Las desilusiones de la vida son oportunidades para evolucionar, nadie habría dicho nunca, ni siquiera yo, que me inspiraría en los malos acontecimientos para aprovecharlos, agradezco a las personas que indirectamente me ayudaron a hacerme más fuerte. Te volverás impasible y no mostrarás tus debilidades.

Es posible aprovechar los malos recuerdos, la clave está aquí, para enderezarse y volver a montar después de la caída.

Retire la hoja en la que ha anotado sus eventos significativos!

Debajo de la línea, notarás tus recuerdos más dolorosos? Piensa en las cosas que te hicieron sentir incómodo, por ejemplo, si en tu infancia heriste a alguien y ahora estás consumido por el remordimiento, si la gente te hizo sufrir, cuándo y por qué dejaste de estudiar, etc......

Mi objetivo no es herirte y hacerte consciente de la realidad, y hacerte más fuerte, aprenderás a superar tu dolor después de este pasaje. Reconocer tus errores te hará una mejor persona, te explico cómo.

En la unión entre los dos engranajes, coloque un punto grande para marcar la ubicación. Es el tiempo "T" o "punto de referencia", si una marcha realiza un giro completo (o revolución), vuelve a su punto de partida, momento en el que finaliza el evento o eventos para iniciar un giro completo de nuevo. Un nuevo ciclo comienza durante un tiempo más o menos largo, el pequeño engranaje, que representa la energía positiva, tiene un ciclo corto para usted. Su entusiasmo disminuye cuando la revolución está completa, en términos de duración, puede ser del orden de una semana a unos pocos meses, mientras que al otro lado de la línea, puede ser muy largo, varios años antes de llegar al final del ciclo.

Debemos ser conscientes de que todo tiene un principio y que todo tiene un fin, un alfa y un omega, hay nacimientos y muertes, así como el sol sigue a la luna, y así sucesivamente, todo en el universo sigue ciclos. El tuyo está en camino, pero el tiempo es limitado, trata de aprovecharlo en vez de esperar, porque dependiendo del tamaño de tus engranajes, la transición de una energía a otra tomará un poco de tiempo si has acumulado demasiada negatividad en el pasado.

Tome otra hoja de papel, dibuje una línea horizontal como en la primera (sin los engranajes, no los necesitamos ahora mismo) y reescriba sus respuestas sobre los acontecimientos más destacados y emocionantes.

En la primera hoja, buscarás un sustituto positivo para cada evento doloroso, por ejemplo, si alguien te hizo sufrir, di que esta persona te hizo más fuerte moralmente, porque sobreviviste a este mal pasaje, y para aquellos a los que abusaste en tu infancia, espera lo mejor para ellos con todo tu corazón, trata de aliviar tu conciencia. Encuentre una manera de ponerlo en perspectiva, incluso si es doloroso.

Escriba sus sustitutos positivos en la segunda hoja y diga: "Esta es la persona que quiero ser, este es el nuevo yo y me he hecho más fuerte".

Rompe la primera hoja en mil pedazos y tírala diciendo: "Soy mejor que eso".

A partir de ahora, razonarás de esta manera, serás capaz de entender a los demás, jurar en tu subconsciente que no te convertirás en la persona que has sido y empezarás de nuevo, a sacar lo mejor de lo que la vida te puede ofrecer.

Para que el círculo de energías positivas crezca y el otro se reduzca, hay que tener en cuenta que "eres mejor de lo que piensas", ir en esta dirección, tomar todos los eventos como oportunidades para avanzar superando los desafíos y notar la frecuencia con la que te has sentido fuerte en un cuaderno.

En caso de duda, piense en términos de "soluciones" en lugar de "problemas".

Nunca olvides que detrás de las nubes, el sol siempre estará ahí, cree en esta estrella y en su luz.

Tercer ejercicio

Para ver el objeto de nuestros deseos materializarse, debemos tener la habilidad de armonizar nuestra imaginación con el mundo exterior para resonar con el mismo sonido. Tu mente debe estar en sintonía con lo que existe, de lo contrario sería una causa perdida.

Retírate al campo, a la montaña o al bosque, en definitiva, sé verde, la armonización comienza con la comunión con la naturaleza, es una fuente regenerativa. Es el origen de todo lo que eres.

Siéntese en un lugar tranquilo, lejos de todas las molestias externas, siéntese y contemple lo que le rodea, escuche el sonido de los pájaros, el sonido del bosque, sienta el frío o el calor sobre usted empaparse de todos los elementos, la hierba, las flores, los árboles, el viento.

Entonces, una vez que hayas grabado todos estos elementos en ti, cierra los ojos y piensa sólo en ese momento.

Déjate abrumar por todo lo que te rodea, inhala y exhala lentamente, eres uno con tu entorno. Sientan la vibración en ustedes, es una energía pura.

Ama la naturaleza, siente esto desde el fondo de tu corazón y deja que este sentimiento invada tu cuerpo.

El tiempo ya no existe, tus problemas son olvidados, sólo estás tú y tu entorno, estás relajado.

Abre los ojos y vuelve a contemplar, mira el horizonte y dime a ti mismo que el universo es infinito.

Cuarto ejercicio

Hay una manera de poner tu mente en armonía con la abundancia, para que puedas sentirla, la imaginación juega un papel muy importante.

Crea tu propio universo, como si tuvieras una vida paralela, dos mundos separados por una puerta.

Permítase por lo menos una hora al día, no es enorme, pero suficiente para ayudarle a cambiar de opinión. Sea diligente y disciplinado. Mantenga una regularidad en este ejercicio que atraiga energías positivas hacia usted. Puedo garantizar que funciona (Éxito Garantizado).

En tu mente, crearás tu propia historia (positiva), e insertarás todos los elementos necesarios para tu desarrollo personal. No en vano les pedí que hicieran listas de acontecimientos significativos y dolorosos, y luego que sustituyeran estos acontecimientos por algo positivo.

Usted está actualmente en su casa, en su entorno no propicio a la felicidad, encuentre un momento del día en el que no será molestado, colóquese en un lugar aislado de todas las molestias externas (Usted también puede hacerlo mientras duerme).

Trata de relajarte! Cierre los ojos, aclare su mente y deje sus problemas a un lado por un tiempo (demasiado pensamiento no los resolverá).

Entrarás en un estado de sueños, construirás la vida que deseabas, te harás un mundo donde todo lo que quieres, ya lo tenías, no omitas ningún detalle, tus sueños deben ser precisos, con entrenamiento, tendrás éxito, siempre y cuando seas disciplinado. Sienta cada emoción de calma y confort, sea entusiasta como si todo se diera por sentado. Respira lentamente, disfruta cada momento y deja que tu corazón lata a su propio ritmo en tu universo.

En este otro mundo, detrás de la puerta de tu mente, tienes todo lo que siempre has querido, un coche de lujo, una casa grande, un buen trabajo, y ya no sientes ninguna preocupación por el futuro.

Estudié este principio gracias a uno de los libros que leí, se llama el "switch".

Es un fenómeno de reemplazo, sustituyendo un pensamiento por otro, por ejemplo, tienes un jefe que siempre está de espaldas y te grita (este es un caso extremo), trata de tener otra opinión de él en tu mente, imagina que es amable y comprensivo, te da menos trabajo, te explica que en este momento su negocio no va bien y te pide tu apoyo, te recompensa y te da un ascenso. Poco probable que suceda, me dirías, el principio no es que su jefe se vuelva más amable en el mundo real, sino que se vuelva más amable en el tuyo, en la concepción que has hecho de él, para que te ocupes de toda la energía positiva que te da en tu imaginación.

Lo ideal, para un tratamiento de fondo es sustituir en su mente toda su vida pasada, verte como una persona fuerte y apreciada.

Este "switch" es tu propio mundo, tu universo paralelo del que sacarás tu positividad. Es tu "otro tú", una fuente inagotable de energía positiva donde puedes recargar tus baterías, sentir cada emoción del momento en que estás en este universo creado en tu mente, recargarte cada día, interactuar con la gente de este mundo, y tu vida se verá interrumpida, notarás cambios a tu alrededor, en realidad, tu inconsciente habrá cambiado, tu comportamiento también, se notará en tu rostro, serás más entusiasta que antes, tendrás una sonrisa, y los demás lo verán.

Para que el realismo sea óptimo en este otro universo que has creado para ti mismo, debes inspirarte en la realidad, por ejemplo, yendo a administraciones como la Cámara de Comercio o Artesanía, restaurantes, tardes organizadas por el municipio, inspirarte y sumergirte en lugares y personas.

Tus pensamientos se inundarán de bienestar y confianza, el pequeño torbellino crecerá y el grande se encogerá, todo debería reequilibrarse en tu vida, y esta tendencia al optimismo debería aumentar gradualmente y según las personas.

NO FUERCE LOS EVENTOS!

Nunca esperes a que sucedan los eventos benéficos y deja que lleguen a ti, el espíritu de impaciencia bloquea las buenas vibraciones, si algo tiene que suceder en tu vida, sucederá, siempre da la bienvenida a lo que te suceda con amabilidad y lección, aprender nunca es un castigo, aprende de esto.

Somewhere in Time

Es una película estrenada en los años 80 con Christopher Reeves y Jane Seymour como actores principales, la historia cuenta las aventuras de un hombre que quiso retroceder en el tiempo para conocer a una mujer que vivía en otra época, cuyo retrato está colgado en su habitación de hotel.

Trató de encontrar una manera de retroceder en el tiempo y unirse a la joven, se convirtió en una obsesión para él y tomó toda la información sobre el viaje en el tiempo, conoció a un viejo empleado del hotel que le dijo "el secreto", para viajar atrás en el tiempo, debe estar inmerso en los tiempos hasta el final, en los comportamientos que tendrá que adoptar y en la ropa que tendrá que usar, y sobre todo, tendrá que convencerse de que realmente es parte del pasado, y no tendrá ni un ápice de pensamientos que se refieran a su tiempo original.

No voy a contar toda la historia de la película, pero si te interesa, te invito a verla, te inspirará.

Como en la película, no es que te anime a retroceder en el tiempo por mucho que lo intentes (nunca se sabe), tienes que tener en mente pensamientos de éxito, mantenerlos vivos, y la ley de la atracción trabajará en tu dirección. No fuerces las cosas, actúa como si ya las tuvieras y no esperes que lleguen de inmediato en un instante, el tiempo para que las energías sean óptimas también depende del trabajo que se haga en ti.

Incluso si tus pensamientos de éxito son débiles, ¡cuídalos como las semillas que siembras! Crecerán y darán hermosas plantas.

A veces no basta con cambiar la vida con muy poco, y como está escrito en la Biblia "si nuestra fe es tan grande como un grano de mostaza, todo es posible" (Evangelio según San Lucas).

Quinto ejercicio

Escribe un pensamiento positivo un día como Emile Coué.

Toma una hoja de papel en blanco y escribe esta frase "¡todo está bien! "recuerda lo que has notado antes de ponerlo en un rincón donde puedas recogerlo más tarde. Durante una semana, dilo cuando te despiertes "todo está bien", luego recuerda esa frase corta durante el día, trata de calmarte diciéndolo por ti mismo. Auto-sugerirse a sí mismo

A la semana siguiente, retomarás tu hoja, luego agregarás abajo la primera frase "todo irá bien", el mismo principio que la primera vez, por la mañana y durante tu día, repite esta frase a ti mismo, susurrándola mientras continúas tu actividad.

Luego, reproduzca el mismo patrón por el mismo período de tiempo, pero agregando su nombre de pila, como si estuviera dirigiendo este mensaje.

« puedes hacerlo", "puedes hacerlo", "tendrás éxito" »

Cuando tengas al menos veinte de ellos, obtendrás una serie de frases construidas como estas:

"Todo está bien"
"Todo estará bien"
"Yoann, todo estará bien"
"Yoann, todo va a estar bien, puedes hacerlo".
"Yoann, va a estar bien, puedes hacerlo, puedes hacerlo"
"Yoann, va a estar bien, puedes hacerlo, puedes hacerlo, puedes hacerlo, vas a hacerlo....... »

Es importante tener en cuenta cada una de estas afirmaciones para que el ejercicio funcione, su mente se impregnará de estas afirmaciones mientras gana confianza, se encontrará cada vez mejor.

Apréndelas de memoria, poco a poco, semana tras semana, luego, aprende la secuencia de afirmaciones de una sola vez, como si estuvieras recibiendo un poema de veinte líneas, la repetición auto-sugiere a tu subconsciente, resonará en tu mente.

Sexto ejercicio

Brainstorming ("tormenta de ideas" traducido literalmente del inglés)

Escribe en una hoja de papel en blanco todo lo que te viene a la cabeza, fuerza tu mente, puede ser cualquier cosa y todo, desbloquearás tu creatividad, ya sean cosas positivas o negativas, escribirás todo, tu día, tus citas, lo que está pasando ahora, lo que pasó hace un mes.

Luego, clasifique lo que ha notado en dos categorías (positiva y negativa)

Entonces, para cada elemento de la parte negativa, encuentra los aspectos positivos, seguramente hay algunos, sólo mira un poco. Luego reporte todo en la categoría positiva.

Intenta convencerte de que puedes superar estos acontecimientos, que eres moralmente más fuerte, lee tus respuestas de nuevo hasta que estés realmente convencido.

Séptimo ejercicio

También se basa en la respiración, y también le permitirá mantener el control de sí mismo. En una situación profesional o en otras ocasiones estresantes, utilice este método:

Ponga la palma de su mano plana, hacia arriba, y colóquela a la altura del ombligo.

Respira lentamente por la nariz! Levante suavemente la mano mientras hincha los pulmones, deténgase a nivel de la garganta y luego coloque la palma de la mano en la otra dirección.

Exhale lentamente y baje la mano al mismo tiempo hasta el cinturón.

Hazlo de tres a cinco veces, al mismo tiempo, despeja tu mente. Esto debería aliviar la tensión.

Hábitos a adoptar

"Como no puedes cambiar la dirección del viento, tienes que aprender a dirigir las velas.»
(James Dean)

Aquí están las primeras cosas que necesitas mejorar para que tu vórtice positivo crezca y para que reduzca el otro.

Si realmente quieres cambiar, tienes que cambiar tus hábitos, no están escritos en piedra y por lo tanto pueden ser cambiados. Para transformar tu mundo externo, tienes que cambiar tu mundo interno. Un poco más adelante, te daré algunas técnicas que te ayudarán. La percepción que tendrán de ella más tarde se sentirá en ustedes, y aquellos a su alrededor verán una diferencia positiva. En otras palabras, serás una versión mejorada de ti mismo.

En primer lugar, reordena tu casa para que te sientas cómodo, un espacio demasiado amueblado te hace sentir demasiado apretado, abre las ventanas y deja que la luz entre en tu casa!

Elimine el hábito de dejar todo por ahí tirado, en mesas, sillas o en el sofá, ordenando los armarios. Almacene sus papeles en carpetas clasificadas por tema y fecha, por ejemplo, banco, alquiler, electricidad, teléfono.

Su casa es el lugar donde usted pasa la mayor parte de su tiempo, es mejor que se sienta cómodo allí. Un hogar ordenado es un signo de una mente más coherente, lo pones en orden.

Cuando regrese a casa después de una larga jornada laboral, notará un estado de bienestar en casa. También es importante para los miembros de la familia o amigos que vienen a visitarlo, ellos lo verán con un nuevo ojo.

Usted debe cuidar su medio ambiente porque este determina quién es usted. Incluye sus relaciones con otros, los lugares que frecuenta, los programas de televisión que ve y su espacio vital.

Acuéstese temprano, no se deje absorber por las películas en la televisión u otras distracciones, incluso para leer, no lea demasiado tarde, su cuerpo necesita regenerarse.

Si tiene un despertador, prográmelo con la suficiente antelación fijando un recordatorio y, sobre todo, ¡no lo coloque a su lado! El reflejo es que lo apagarás diciéndote a ti mismo "¡unos minutos más y me levantaré! "Estos pocos minutos a veces se convierten en media hora o más. Manténgalo alejado de usted y prográmelo lo suficientemente fuerte, le animará a levantarse.

Todas las mañanas, dígase a sí mismo esta frase: "¡Cada día, avanzo un poco más hacia mi éxito! "No importa cuál sea el resultado de este día, tenga en cuenta que siempre hay algo positivo detrás de lo negativo, no permanezca congelado por estos pensamientos destructivos, cree nuevos rituales, nuevas cosas pequeñas que pueden mejorar su vida diaria. Olvida el pasado y cambia! Olvida el futuro y vive el momento presente!

Si no sabe qué hacer con sus días, haga un horario y ponga actividades como 1 hora de lectura, 1 hora de búsqueda de empleo, establezca metas y cúmplalas. Vaya a las empresas, si las respuestas son negativas, intente averiguar por qué, pídales consejo y, a continuación, mejore estos puntos. Nunca te concentres en las negativas, toma lecciones, te hará evolucionar. Deja de ser esa persona demasiado confiada, no llegarás a ninguna otra parte. La vida es una experiencia de aprendizaje perpetuo.

Mejore su imagen

Dependiendo de cómo te vistas o te comportes, otros te juzgarán o creerán que te están juzgando, te sentirás complejo e incómodo en tu piel, y por supuesto, esto también se verá en tu cara.

En cuanto al comportamiento, ¡no busques conflictos ni los respondas! La violencia atrae a la violencia y no trae ningún bien. Por el contrario, si no respondes a situaciones de conflicto, algunos pensarán que eres débil, pero en realidad eres fuerte porque tienes control sobre ti mismo, muchos no tienen la habilidad de respetar a los demás.

La indiferencia es tu mejor arma. Además, deja de quejarte de que tal o cual persona -dijo-, al hablar de ti, les da una satisfacción de grandeza cuando te sientes aplastado por ellos, los ignoras, no les das la importancia que no tienen, algunos están muy contentos con tu desgracia cuando la respondes.

Nunca confíes demasiado de tus problemas, guárdalos para ti mismo y actúa para superar los desafíos, nunca dudes de tu capacidad para escalar montañas, la escalada es dura, pero la satisfacción es grande una vez que llegues a la cima.

Debes estar tranquilo, sonriente (no forzado), amable, servicial, impasible ante las críticas y tu imagen hacia los demás mejorará.

Se trata de nuevos hábitos que requieren una disciplina estricta en uno mismo, para hacer cosas como "violencia", como levantarse temprano por la mañana, a lo que hay que añadir el método de Emile Coué de tomar un cordón de veinte nudos, y al pellizcar a cada uno de ellos, pronunciar muy claramente "cada día, desde todos los puntos de vista, Estoy mejorando cada vez más", decirlo con convicción, ahuyentar lo superfluo, no pensar en tu día, sólo decir esta frase veinte veces, Emile Coué recomienda hacerlo por la mañana y por la noche..

Luego, incluya nuevos hábitos en su vida diaria. Haz una lista si es necesario, aprende a ser amable con la gente diciendo con una sonrisa, hola, adiós, gracias, estas simples palabras te harán una persona respetuosa.

Esté más interesado en el pensamiento positivo y lea mucho, es beneficioso para usted.

Enriquecimiento cultural

También, puedes leer, si no estás acostumbrado a ello, entonces hay un comienzo para todo.

En tu lectura no es necesario saberlo todo de memoria, debe ser sobre todo un hobby, y si te interesa un tema, te saldrá de forma natural, quizás incluso te dé algunas ideas para tu futuro, porque puedes estar en armonía con el tema o los temas.

Estos nuevos hábitos se integrarán en su torbellino de energía positiva y crecerán y el segundo representando lo negativo disminuirá. La lectura, inconscientemente, te traerá la inspiración que te falta, tu cerebro está impregnado de ella, porque graba a pesar de todo lo que te llama la atención. Deje que su imaginación funcione, será su mejor aliado y le dará pistas sobre su futuro, ¡confíe en él!

Entonces serás menos complejo, y también, para adquirir más conocimientos técnicos, ¿por qué no lees libros de ciencia, política o cultura general? Ganarás confianza en ti mismo y en tus diálogos entre amigos y profesionales.

Si tú también puedes, haz crucigrama o cuadrículas de sudokus para estimular tu cerebro, te hará pensar.

Ver programas culturales en el Discovery Channel o en National Geographic enriquecerá nuestro conocimiento, y dejar de ver series de televisión sobre la muerte y la violencia, oscurecerá la mente.

No es fácil, se podría decir, y sin embargo, con la práctica, podemos hacerlo, condicionando nuestros cerebros, que se han convertido en rutina para ciertas formas de pensamiento.

Dedicar un poco de tu tiempo a las actividades es posible, no me digas que en 24 horas de tiempo, es imposible para ti, date una hora de tiempo para leer, si no estás acostumbrado (¡yo no estaba acostumbrado, por cierto!), verás que te hará bien.

CAPÍTULO 5: TENER PENSAMIENTOS POSITIVOS Y RECONSTRUIR

"Para alcanzar la verdad, debemos deshacernos una vez en la vida de todas las opiniones que hemos recibido, y reconstruir todo el sistema de nuestro conocimiento de nuevo. »
(René Descartes)

Convirtiendo lo negativo en positivo, nuestras debilidades en fortalezas Me tomó mucho tiempo entender esto, por qué perdí tanto tiempo sacando mi fuerza de mis debilidades. Hay que cultivar una disciplina para corregirse, porque entendí que quien realmente puede ayudarme está por encima de mí mismo.

Para apoyar mis comentarios, permítanme contarles un poco sobre mi historia. Como tú, he vivido momentos tristes, pero también momentos alegres, en todo lo que he vivido, he podido encontrar fuerza interior, esto implica mirar hacia atrás y relativizar situaciones, si no hubiera vivido ciertos acontecimientos en mi vida, no estaría donde estoy hoy, en estas líneas de este libro.

En mi vida, y en casi todas las situaciones, consciente o inconscientemente, he podido encontrar una fuerza interior que me ha permitido avanzar, y con el tiempo me he dado cuenta de la utilidad de los acontecimientos pasados, la vida nos pone a prueba, seamos dignos de ello.

No mires tu pasado, excepto que para sacar lo positivo de él, la culpa por los errores del pasado es inútil, hundiéndonos en el arrepentimiento, lo hecho, hecho está, ¡pero no te preocupes! Porque las cosas pueden cambiar ahora mismo, ¡te ayudaré!

Eso es lo que la vida me ha enseñado, a levantarme, como cuando te caes de una bicicleta, a poder volver a montar y a ganar confianza.

Básicamente, todos nos parecemos desde el nacimiento, no somos ni buenos ni malos, sólo que todos tenemos una experiencia que nos ha llevado a donde estamos, a lo que nuestros padres y asociados nos han enseñado envenenando nuestras mentes desde una edad temprana.

Hemos conocido a mucha gente, gente que nos ha apoyado, otros que han sido menospreciados, ha habido momentos de alegría e ira, nuestros sentimientos siempre

176

han oscilado, lo que nos hace ser la persona que somos ahora.

Hay que tener en cuenta que no todo era tan malo como parece, si no hubiéramos conocido a algunas personas, no habríamos aprendido esos sentimientos que son, los celos, la motivación, la tolerancia, o el amor.

En cuanto a las personas que te critican o te aplastan, agradéceles, porque te han dado una fuerza interior, la que aún no ha sido explotada, y de la que ya he hecho uso, esa fuerza que te empuja hacia adelante, que te impulsa y te da energía, esa fuerza es la de luchar, no golpeándote, sino usando tu cabeza.

Cuando se trata de celos, hay personas que te envidian, lo creas o no, y que harán cualquier cosa para desestabilizarte buscando tus debilidades. Aprende a ser impasible, sabiendo de dónde viene, no debe afectarte de ninguna manera.

Necesitas pensar en ti mismo y en tu éxito

Ser responsable no es culpar a los demás o viceversa, es ser consciente de tus propios errores e intentar remediarlos, asumir tus acciones con pleno conocimiento de las causas, incluso este ser tóxico que te tiene bajo su control, que te pone una espada de Damocles en la cabeza. Por favor, no te sientas culpable por ellos nunca más.

Usted es responsable de sí mismo, al igual que estas personas. La vida es un largo proceso de aprendizaje, hay retos que son necesarios para hacernos aún más fuertes.

Para poner una imagen en mis palabras, cuando estabas en la escuela (o en la secundaria), ¿copiabas a tus compañeros?

Al tener este tipo de comportamiento, sin aprender nada por ti mismo y reproduciendo todo lo que hacen los demás alumnos, puedes "bloquearse" durante los exámenes. Pero es demasiado tarde, en tu escritorio hay una asignatura de bachillerato de 20 páginas que se adjunta sin entender una palabra de todo lo que está escrito en ella. El único responsable será usted mismo.

Es cierto, nadie lo hará por ti, debes ser capaz de asumir responsabilidades las pruebas, es lo que te hace más fuerte, lo que te consolida para tu futuro.

Te ofrezco algo precioso y único en cuanto al desarrollo personal, en primer lugar, un conocimiento basado en mis propias experiencias, tuve que adentrarme en mí mismo para escribir estas líneas, para inspirarme cada día en la vida real, por supuesto, estudié muchos libros sobre el tema, tuve que entenderme a mí mismo para entender a los demás.

Las personas son sólo lo que quieres que sean para ti, es decir, la percepción de lo que piensas sin tratar de entender más allá del problema real, con el riesgo de escandalizarte, déjame hacerte una pregunta, y si el problema real eras tú? O mejor dicho, diría yo, tu mente analítica, porque el cerebro registra información errónea desde la infancia, de tus padres si no te han enseñado a respetar a los demás, y de los amigos que has tenido, que han bombardeado tu mente con ideas preconcebidas y la han saturado de malos pensamientos hasta ahora.

Se te ha enseñado qué hacer y qué no hacer, a juzgar a los demás, a respetar a los ancianos.

Todas las personas que te rodean te han traído a su entorno, desde muy temprana edad eres parte de él. Están siendo arrastrados a esta espiral que está girando en la dirección equivocada.

Has tenido una educación con muchas prohibiciones, lo que no siempre es malo, pero que te ralentiza en tu ímpetu, habiendo recibido un mal tratamiento de la información en tu mente.

Se te ha enseñado a temer la pobreza y la precariedad a diario y se te han dado reglas para vivir en sociedad, cómo ganarte la vida y cómo seguir siendo dependiente. Estabas intoxicado por los medios de comunicación.

Se te ha enseñado a dudar con siempre alguien detrás de ti para mostrarte cómo hacerlo en circunstancias en las que podrías haber aprendido por ti mismo, lo que creó un sentimiento de que no te atrevías a intentarlo por ti mismo.

La naturaleza humana quisiera que un individuo estuviera anclado en el paradigma colectivo, no es un grupo organizado en la base, son sus creencias y actitudes las que han sido formadas por una sola persona, simplemente has hecho el resto, si crees que una persona está en tu contra, le da la sensación de que todos están en tu contra. Está en tu mente.

También está la socialización del entorno que te da hábitos (buenos o malos), para hacer como los demás, beber, fumar o consumir drogas.

Al igual que la teoría del dominó, cada acción lleva a otra, el estado de ánimo de los demás te afecta, por ejemplo, cuando alguien se enfada contigo, por lo que estás enfadado.

Un clima insalubre hace atractivos los pensamientos negativos, y pueden ser leídos en la cara, te sonrojas, frunces el ceño, en definitiva, no te sientes bien.

Hablo del fenómeno del atractivo porque los pensamientos negativos actúan como imanes, su entorno afecta nuestro estado de ánimo, nuestra mente captura sus ondas como una esponja que se llena de agua. Después de eso, no es de extrañar ver, de lo que hablaba antes, cíclicos con una gran espiral de energía negativa, y una pequeña espiral de energía positiva.

Los gritos de los niños, los argumentos, nuestro estado de ánimo, todo lo que nos rodea, nos llama demasiado la atención, obligándonos a seguir la dirección contraria a las agujas del reloj, una dirección equivocada convencidos de que es la correcta, yo respondería FALSO, sin darme cuenta realmente, sólo sigues lo que te han enseñado, y está lejos de ser la correcta.

También, inconscientemente, llevas esta mala energía contigo tan pronto como sales de tu casa y te encuentras con la gente, comunicándosela a ellos por turnos.

Hay una forma de salir de este hábito, de este círculo vicioso. Cultivando comportamientos adaptados a la positividad y creando así el clima adecuado para volver a encaminarte.

Nadie está destinado a fracasar, quiero decir, nadie. Estas son ideas preconcebidas, no estás de ninguna manera en el extremo receptor de un mal hechizo y sólo existe cuando crees en él!

La mente se mantiene, y un buen estado de ánimo primero ayuda a ver la vida en el lado derecho.

Todo es cuestión de convicciones, todo el mundo es libre de validar o no mis declaraciones, pero en su interés, le aconsejo que lo haga.

He leído bastante sobre el tema con diferentes enfoques del pensamiento positivo, pasando por lo espiritual y lo religioso, todo mi conocimiento sobre el tema volviendo al mismo punto, el de atraer las cosas buenas hacia uno mismo.

Atraemos hacia nosotros lo que enviamos, es decir, cosechamos lo que sembramos, si es positivo que demos, debemos esperar lo positivo, si es negativo, cosechamos lo negativo, en este sentido, las leyes de karma son universales, ya sea dando a algo o pensando en algo.

Cultiva pensamientos saludables en ti mismo! Borra todo lo que pueda ser dañino en ti, los pensamientos que tengas no deben tener un propósito negativo, es decir, si crees que estás ganar dinero para impresionar a los que te rodean, ¡no funcionará!

Por el contrario, si quieres ganar dinero para ayudar a otros, o para tu comodidad personal, quieres hacerlo para cambiar tu vida en otro ambiente, ya es más probable que sea consistente.

Pensar en cosas positivas es algo en lo que tienes que trabajar! No basta con pensar en ello, sino sumergirse en él.

Sin retroceder demasiado, tienes que mejorar tu entorno, tus amistades, transformar todas las situaciones negativas en positivas, decirte a ti mismo que afortunadamente estás ahí con la vida que has tenido.

También debemos dejar de compadecernos de nosotros mismos y decirnos que en nuestra situación, no es tan mala y que siempre podemos recuperarnos, nada está grabado en piedra, detrás de las nubes, siempre está el sol.

Para ayudarte a hacerlo, hay métodos, uno de los cuales te daré es un libro que leí por primera vez sobre el tema, "The Power of Positive Thinking" de Norman Vincent Peal, que trata sobre la autoconvicción, ¿cómo funciona? Piensa en algo muy fuerte como si ya lo tuvieras. Otra es la capacidad de mantener siempre la mente por encima de la línea.

Imagina una línea con lo negativo abajo y lo positivo arriba. Siempre mantente en la línea de arriba sin importar lo que pase.

184

La noción de "carencia"

Tienes que redirigir tus pensamientos a nociones de abundancia, mirar lo que ya tienes y apreciar todo por lo que es. Mira también tu viaje, sigues vivo y espero que tengas buena salud. Tienes una familia cariñosa, la gente te aprecia por lo que eres, devuélveles lo mismo.

En cuanto a sus deseos y deseos, también son sinónimos de carencia. Necesitas esto o aquello(s), pero crees que no puedes permitírtelo.

Debes tener pensamientos de "posibilidad de obtener", actuando como si estuviera sucediendo, como si el objeto de tu deseo ya estuviera en tu posesión.

Imagínate a ti mismo en otra vida, ¿cómo te lo imaginas? ¿Quién querías ser?

La magia está en nosotros

Como ya he dicho en este libro, no es un libro mágico, pero tiene el poder de hacer reaccionar tu subconsciente, lo que puede hacer que tus sueños se hagan realidad.

Hay un poder fabuloso, el de controlar los pensamientos y hacerlos realidad.

Podemos atraer hacia nosotros todo lo que queramos, según la ley del atractivo. Ten cuidado, hay condiciones para ello, la materialización no funciona si tus pensamientos van acompañados de un sentimiento de necesidad absoluta o para satisfacer tu ego.

Es esencial pensar que todo está ya a nuestro alcance, o que ya tenemos el objeto del deseo, y también, para contentarnos con lo necesario (como diría Baloo en "el libro de la jungla"), estar ya contentos con lo que tenemos, si algo mejor tiene que pasar, pasará sin forzar. No fuerces a las fuerzas externas a darte lo que quieres, deja a un lado tu impaciencia, tu deseo está grabado en tu subconsciente, ¡olvídalo! Y se llevará a cabo el trabajo de materialización.

Siempre conseguimos lo que queremos cuando dejamos atrás nuestros deseos y esperanzas, es un fenómeno llamado "la última hora", cuando nada más impide que las energías fluyan en ti.

Para imaginar lo que quiero decir, imagina una puerta batiente, alguien quiere pasar empujándola, pero si tú también quieres pasar empujándola, bloqueas a la persona que está detrás de tu, y no pasas tú también. Es tan simple como eso. Las energías positivas no pueden fluir si, de tu lado, bloqueas el acceso con tu afán de ver que las cosas sucedan.

El equilibrio de las energías

Una de las lecciones a aprender también para la realización de nuestros deseos es sobre la armonización es el don de sí mismo, el universo debe encontrar su equilibrio y cada individuo que se encuentra es una extensión de sí mismo, al igual que la naturaleza.

El peso de una balanza no sólo debe pesar de un lado para obtener el objeto de tus deseos, sino que también debes dar algo a cambio, puede ser un regalo espiritual o material.

La pregunta es "¿qué das a cambio? hay leyes, reglas que respetar, el acto debe ser desinteresado y no "esperar" , hay que dar con el corazón.

Debe permanecer en el espíritu kármico de recibir lo que das, los individuos son extensiones de ti mismo, debes estar en la mente de la persona a quien le das.

"El "otro" es "tú" en el espejo cuántico, siente su sonrisa cuando ofreces algo, es como darte algo a ti mismo.

Anécdotas personales

Un día, jugué un juego de azar en una tabaquería. En el mostrador había una urna para hacer una donación a una persona discapacitada que quería comprar un vehículo adaptado.

Gané 2 € de los 1 € jugados, el estanquero quería que volviera a jugar, me negué, recuperé las ganancias y las puse en la caja.

La moraleja a recordar, cuando jugamos juegos de azar, es que si las circunstancias nos hacen ganar una suma de dinero, como es, debemos recibirla con gratitud, y esa gratitud debe ser compartida.

Con esta lógica, a veces he hecho grandes sumas de dinero, y todavía comparto mi gratitud por los acontecimientos de la vida.

Siempre debemos ofrecer como si fuéramos nosotros los que recibimos este regalo.

Aquí hay otra historia personal que me viene a la mente, y muestra que el karma también puede funcionar en la dirección opuesta.

En 2004, compré una bonita minivan por 1000 €. Condujo durante dos años, luego una noche, en el estacionamiento de la residencia donde yo vivía, un individuo cortó mis cuatro neumáticos.

El auto estuvo en el estacionamiento por un tiempo, luego un día vi una palabra en el limpiaparabrisas de la minivan, al principio pensé que era porque el vehículo estaba en el camino, pero no lo estaba.

Una persona de mi vecindario estaba interesada en la minivan, quería cambiarla por una BX o una 405, siendo ambos vehículos diesel. El que ofreció uno de estos vehículos era un mecánico, y él se encargó de ello.

Acepté, y poco después, fui a su garaje para una limpieza de la pinza trasera, por lo que la inspección técnica no había sido superada.

Con mucha amargura me dijo que el vehículo que había intercambiado con él tenía problemas y que había que cambiar la junta de culata. La furgoneta en cuestión, según él, valía menos de 1000 €.

Me había cambiado, por mi minivan, un vehículo que me sirvió durante al menos 5 años sin ningún problema.

Al día siguiente vendí mi 405, casi la ofrecí porque el comprador me había obligado a bajar un poco el precio, el motor se soltó, mientras que el día anterior funcionaba muy bien.

Si había una moraleja en esta historia, es que las malas intenciones siempre se volverán contra nosotros, es la ley kármica, nadie puede escapar de ella, todos somos parte de un todo.

Siga siempre sus intuiciones

Deben venir de tus cinco sentidos, lo que ves, tocas, oyes, hueles o saboreas, no es necesario que todos los sentidos trabajen al mismo tiempo, son referentes, guías en tu vida que hablan a tu corazón. Luego viene el dilema entre la pasión o la razón, pero esta última tiene sus limitaciones, causada por lo que a menudo te han enseñado y prohibido, la curiosidad de tus sentidos ha sido alterada.

Confío mucho en tu capacidad de observar, de notar a tu alrededor a los que tienen éxito, de tomar un ejemplo de ellos, de aprender de los que han alcanzado un alto nivel de sus vidas, de actuar como si fueras ellos, en términos de gestos y hábitos, y sobre todo, de tratar de asociarte con ellos para alinearte con su forma de pensar.

Vea videos sobre personalidades conocidas e imagínese estar a unos metros de distancia. Puede ser Bill Gates o Steven Spielberg, son personas que han seguido su intuición, usted comenzará una discusión con ellos, conociendo sus gestos, sus palabras, empápese de esto.

Entonces imagina estar en su piel y ver el mundo con sus ojos, ¿cómo lo verían?

Las baratijas

La verdadera magia está en ti, no se encuentra en las baratijas o gris-gris que se venden en los mercados, no hay piedra de la suerte, nunca ha habido una estatuilla en el llamado poder, nunca ha habido una poción milagrosa (no, pero en serio, ¿lo crees?) y yo nunca lo diría lo suficiente, ¡cuidado con los vendedores de sueños! Dejarías tu dinero, tu salud mental, y considero que estas personas son peligrosas para ti.

Nunca creas a alguien que te ofrece ganar mucho dinero o aumentar tus ingresos con "consejos y trucos" que ves en Internet o en cualquier otro lugar. Por supuesto que pueden decir que les funcionó..........gracias a tu dinero y a tu ignorancia, ciertamente se hacen más ricos.

Juegos de azar y apuestas

Te preguntas por qué no ganas (o rara vez) grandes cantidades de dinero en la lotería u otra, la respuesta es simple, quieres ganar una gran cantidad, pero esto es sinónimo de falta, una necesidad más o menos urgente de dinero, haces una proyección consciente, juega con la esperanza de ver tus deseos hechos realidad, mientras bloquea tus energías, sin dejar que entren libremente, de ahí la importancia de vivir en el momento presente sin preocuparte de si vas a ganar o no, no hagas demasiadas predicciones peligrosas. Jugar por diversión y mantener un buen estado de ánimo, no para satisfacer una carencia.

Dígase a sí mismo que ya ha recibido esta cantidad de dinero en su mente y que ya está en su banco espiritual, en el mundo que ha creado para sí mismo.

"He aprendido que el valor no es la ausencia de miedo, sino la capacidad de superarlo. »
(Nelson Mandela)

Tropezones para una mejor recuperación

Si tuvieras la oportunidad de verte con un ojo externo, ¿a quién descubrirías? ¿Serías capaz de razonar contigo mismo? Si el ego sigue siendo el mismo, será difícil, necesitarás un choque eléctrico para cambiar, deja que la vida se encargue de ello, y lo entenderás, es un buen consejo.

Hay que caerse del pedestal para comprender que, al final, sólo estábamos a unos centímetros del suelo, mientras que pensabas que estabas en un rascacielos.

Si la vida nos desafía, debemos aceptarla como un desafío a superar, tu verdadera fuerza está en la dificultad y no en la comodidad platónica del miedo al fracaso, caerás, eso es cierto, pero la recompensa es grande cuando nos levantamos de nuevo. Una lección aprendida nos lleva a la siguiente.

Está justo ahí, al alcance de tus manos, quita el gran bloque de tus dudas y miedos. No te duermas en los laureles, ¡haz lo que tengas que hacer!

"¡Trabajo! ¡tomarse la molestia ! Es el único fondo donde menos falta".
(Jean de la Fontaine)

Si es cierto que todo trabajo merece un salario, lo contrario es igual de cierto, uno no tiene nada para nada, poca esperanza de que todo caiga del cielo. Leer mi libro sin hacer ruido en el sofá no te traerá nada sin la inversión personal, no es una colección de magia, sólo sirve para resaltar que todo lo que ya está en ti, en tu subconsciente, te da referencias en términos de desarrollo personal, entiendes bien este matiz.

La ley de la atracción requiere mucha inversión personal, y las pruebas de la vida deben ser consideradas como pistas para todo lo que deseas, no nos convertimos en reyes sin luchar (aunque tuviera algunos por herencia y filiaciones me dirías).

Hay equilibrios que respetar, hay que dar para recibir, no esperar a que todo llegue cocinado a

194

uno. La contraparte es una inversión personal, una autodisciplina rigurosa, la capacidad de ser violento y de integrar estos hábitos en el propio círculo de la vida.

CAPITULO 5 : MEJORAR SU RELACIÓN

"Al hacer que nuestra luz brille, ofrecemos a otros la oportunidad de hacer lo mismo. »
(Marianne Williamson)

La solución está en ti

Es difícil de creer que se diga de esa manera, y sin embargo, desde que eras un niño, has arrojado la fuente de tus problemas a otros, cuando en realidad, una gran parte del problema eres tú, y reconocerlo ya es un paso hacia el éxito.

Te explico que de niño habías tenido comentarios o críticas despectivas, o que te menospreciaban, nada te obligaba a creer en ellas o a dar importancia, pero tu corta edad te hacía ingenuo, en un período de crecimiento y sed de conocimiento, te ahogabas en el cerebro con información falsa.

Lo que puede parecer bastante paradójico es también que todas las personas que encontramos en nuestras vidas, que tienen una influencia negativa en nosotros, han tenido una educación, un flujo de información distorsionada, sólo proyectan sus experiencias en ti.

Entonces entiendes que, en algún momento, no eres tú mismo, no estás brillando con tu autenticidad, sino que estás reproduciendo inconscientemente todo lo que la gente te ha enseñado en tu vida.

Sus juicios sobre individuos particulares son alterados, por lo que los percibe como buenos o malos, dependiendo de lo que se le haya enseñado. Te dan la imagen de que tú los das.

Por ejemplo, cuando empiezas a ser amable, das una imagen de alguien agradable y frecuente o, en el peor de los casos, serás visto como alguien ingenuo, por el contrario, si das una impresión de mezquindad, insultando a todos, menospreciando, para algunos, pasas por un hombre duro, para otros, eres un ser malicioso.

Todos estamos construidos en el mismo molde al nacer, todos tenemos diferentes orígenes, pueden ser similares o cercanos también, nuestra visión del mundo exterior se ve frustrada, es difícil definir quién vive a su propio ritmo, o quién vive al ritmo de los demás.

Lo que nos une y se parece a nosotros son nuestras propias emociones orgánicas, cuando nuestros corazones laten salvajemente cuando estamos enamorados o entusiasmados, o cuando nuestros nervios se agitan cuando estamos enojados, dándonos a todos una sensación de bienestar o malestar.

La mente conoce la diferencia entre los dos, pero nuestros conceptos erróneos a través de nuestra cultura de la vida, nuestras enseñanzas, nos dan las señales equivocadas.

Personalmente, yo estaba muy bien educado, siempre estaban conmigo mi padre y mi madre, que eran ejemplos. Como hijo de un veterano de Indochina, siempre he cultivado este orgullo, y tengo una madre que me enseñó los valores fundamentales, el respeto, la dignidad y la amabilidad. Lo que ha cambiado significativamente mi personalidad es el mundo exterior, otra forma de cultura de la vida, ser amargo, nervioso, ansioso, el mundo exterior con sus ruidos y violencia. Lo que me hizo ser quien soy.

El trabajo más grande es hacer un autoanálisis para entender por qué la gente está actuando de cierta manera con usted.

Por supuesto, la mayoría de la gente juzga sin saber, inconscientemente, que usted hace lo mismo, incluso si está convencido de lo contrario.

Básicamente, ¿quién eres realmente? Todos estamos acostumbrados a percibirnos como buenos o malos, extrovertidos o introvertidos, pero la señal que define quién eres es la forma en que los demás te miran.

"Espera a que alguien critique tu personalidad, pero no esperes a que alguien te diga quién eres. »
(Mahamat Haroun)

Es necesario dejar de mirar el ombligo e interesarse por los demás, si crees que eres un centro de interés y esperas que la gente se interese por ti, te equivocas, estamos todos construidos en el mismo molde, y los que te encuentras en la vida son exactamente como tú, necesitan ser considerados, valorados.

De manera vívida, cuando hablas con un amigo, eres ese amigo, con las mismas expectativas, no eres tan diferente de los demás en la medida en que te gusta ser apreciado, ¿cómo sería diferente para ellos?

200

Pruébalo, enfoca tu atención en los demás, y en cualquier caso, nunca complacerás a todos, pero la mayoría, que ya es buena, te hará una persona desinteresada y tendrá una buena opinión de ti. Esto cambiará la percepción de los que te rodean.

No hagas esto mientras esperas para recibir, debe ser un acto gratuito y desinteresado, debe venir del corazón.

¿Quién eres realmente, hazte esta sencilla pregunta sobre los demás, qué imagen crees que das?

Propondré un ejercicio basado en la observación.

Mira a tu alrededor y nota el comportamiento de los individuos, de aquellos que te observan, de otros en sus pensamientos, cuando observas a alguien, mira el brillo de su mirada, su mirada alegre o triste, mira enojado, escucha la entonación de las voces, no interfieras, y opera tus cinco sentidos.

Analizar sin juzgar, adivinar sus actitudes sin ninguna convicción.

La mayoría de las personas pasan su tiempo juzgando cuándo sería fácil mirarse a sí mismos, para ver quiénes son en relación con nosotros. No te pusiste sus zapatillas y no sabes por lo que pasaron, de hecho, no sabes nada.

En cuanto al "decimos", no los escuches demasiado, pregúntate por qué te dicen esto de tal o cual persona y nunca dejes que los chismes alteren tus pensamientos.

Las convicciones

Cada uno vive con sus convicciones, las de creer lo que es correcto en nuestra opinión, con o sin escuchar a los demás, y sin embargo, es un grave error vivir para sí mismo, es necesario aprender de ellos, todo lo que una persona te dice de ellos (dejando de lado lo que algunos dicen cuando hablan de los demás, ni siquiera estás seguro de si es cierto). Aprender de los demás te hará un líder, una persona desinteresada.

Hágase también las preguntas correctas, cuando, por ejemplo, cuando, por cierto, "se hace un favor" a alguien, lo hace gratis, o lo hace sobre todo por su ego, ¿qué le traerá? El reconocimiento, por supuesto, pero nunca te hará una persona auténtica.

Hazlo sin esperar a que alguien "te ofrezca una medalla", debe venir primero del corazón, si no quieres, entonces no lo hagas.

Un buen líder actúa con su corazón, una atención desinteresada, la clave está aquí para el confort relacional, es el altruismo, para ofrecer felicidad a los demás sin esperar nada a cambio, excepto una gran enseñanza.

Cada uno de nosotros tiene algo que aportar a este mundo y especialmente a ti mismo.

Escuchen las alegrías y las penas, estén interesados en ser interesantes y no en "hacer lo que les interesa".

Recomiendo el libro de Dale Carnegie How to Make Friends, que le enseñará cómo mejorar sus relaciones en el trabajo, con amigos y familiares.

PARTE III: APLICACIÓN

CAPÍTULO 6: ANALIZAR SUS PROYECTOS

"Nunca te rindas porque nunca sabes lo que traerá la marea al día siguiente.»
(Tom Hanks)

En la vida profesional

Sin conocer la situación de todos, ya sea que estés con o sin trabajo, intentaré adaptar esta sección para todos, porque este libro es para todos.

Para los que tienen trabajo, ¿estás contento con tu trabajo? ¿Y las relaciones con sus colegas son buenas? Piensa en estas preguntas y haz balance de tu actividad profesional, cuando llegues, tienes un sentimiento de pesadez moral y poco entusiasmo para venir a trabajar.

Llegas un poco antes para tomar tu café y empiezas rápidamente, siempre mirando tu reloj o el reloj detrás de ti, así que tomas tu trabajo con mucha amargura, tu motivación para venir a trabajar es sólo para tener suficiente para pagar tus cuentas, te sientes atrapado.

En perspectiva, lo que ha sido el caso para mí es que, además de eso, sus cuentas se pagan gracias a su trabajo. Esto le da a su mente algo de tiempo libre para cambiar de dirección. ¿No es maravilloso?

Tu salario te da acceso a actividades de ocio, lectura, aprendizaje, actividades físicas o espirituales, la clave es aprovechar esta situación de seguridad para mantener tu mente libre.

Estar en una situación profesional ofrece oportunidades para salir del sistema, algunos cometen el error de permanecer en esta situación cómoda cuando su vida podría ser muy diferente, trayéndote el máximo.

Si te sientes incómodo en tu trabajo, es porque simplemente no está bien para ti, busca otro camino, ve a lo que te aspira implacablemente, sigue tus intuiciones, deja que tu corazón te guíe y siempre trata de lograrlo, no te ralentices, el éxito está lleno de trampas para ver si estás a la altura, e inconscientemente, lo estás.

Para los desempleados, la respuesta es simple, es que todavía no han encontrado su camino porque carecen de medios para moverse, experiencia o diplomas. Se te ofrecen trabajos que tiendes a rechazar, porque no es tu campo.

Y sin embargo, si te ofrecen un trabajo, aunque no te guste, no estás encerrado en una jaula, siempre hay una salida, te aconsejaría que lo tomes por un tiempo para dar la vuelta, el momento de entrenar y estar informado.

Anécdota personal

En el año 2000, trabajé en BOUVERAT INDUSTRIE en Marnaz, Haute-Savoie, quería volver a la escuela, experimenté muchos fracasos pero el tiempo estaba de mi parte, aproveché mi situación para informarme en el Centre d'Informations et d'Orientations sobre las posibilidades de reanudar los estudios.

La mujer frente a mí fue muy amable y atenta, me dio el procedimiento a seguir para regresar a la escuela secundaria y así pasar mi Bachillerato Profesional en Contabilidad a través de un camino llamado la sesión recurrente, yo estaba cuatro años detrás de mis futuras compañeras de clase, en el fondo, no veía mucho de esta brecha, estando fijada en mi objetivo.

Lo que me salvó fue mi determinación, el rechazo del destino y mis creencias en el éxito, de haber tomado el tiempo para trabajar, para trabajar en muchos libros, y también, por un período de tiempo, para haber seguido un curso a distancia en la Escuela Francesa de Contabilidad.

Anclaje espiritual

Cuando se elabora el plan de vida, hay que forjar ciertos hábitos, a veces violentos, porque tu estado de ánimo te hará rendirte, recuerda, te mencioné que es absolutamente necesario mantener a tu alcance pensamientos positivos y actuar como si esto ya estuviera adquirido.

Anclarse en un proyecto sin postergar ni querer involucrarse, ¡mantenga el rumbo!

Christophe Collomb, antes de descubrir San Salvador, tuvo que cruzar mares agitados, mirando al horizonte, tenía un gol y creía en él con mucha fuerza, lo que no era el caso de su tripulación, muy inquieta y asustada, tomó al navegante por un loco, pero Christophe se quedó impasible y decidido, la tierra prometida, lo que creía que era la India, era su destino.

Inspírese en muchos de los personajes de la historia, que han avanzado a través de su fuerza de convicción, y nunca se han rendido ante la adversidad.

En la Biblia está escrito que debemos permanecer en el camino, no apartarnos de él, ni a la izquierda ni a la derecha de su camino, a pesar de las montañas, las rocas, las arenas movedizas, hay que tener fe.

Lo importante no es el viaje, sino el destino, mantén los ojos fijos en el horizonte y algún día verás tu tierra prometida a lo lejos. Tus compañeros de viaje, tu convicción, tu fuerza interior y tu serenidad.

Si puedo darte algún consejo sobre el tema, no escuches a nadie que te desestabilice, como se ha dicho antes, siempre habrá alguien que te critique, incluso cuando hayas triunfado en tu vida, es casi seguro, porque todos tenemos un ego, tú, yo, o los demás, todo el mundo quiere el primer lugar, pero sólo hay un lugar, cuando una persona no tiene éxito en sus proyectos, él envidia a los que llegan allí, es inevitable.

Especialmente en los peores casos, donde mucha gente pensó que no podías hacerlo, aquellos que te han disminuido, criticado, visto que tienes éxito, mientras que ellos mismos no pueden, o no lo intentan. Pero, ¿qué podemos decir al final? Sólo te involucra a ti tener éxito, eres tú, tu futuro está en tus manos, nunca tengas miedo de seguir adelante por culpa de los demás, de lo contrario, te arrepentirás al final de tu vida, y para entonces será demasiado tarde.

Concéntrese en sus objetivos y, sobre todo, documente y lea mucho. Leer libros sobre temas que te gustan y programas documentales pueden ayudarte a hacerlo.

"Es la naturaleza humana estar equivocado, perseverar en el error es un vicio"

El error, estrictamente hablando, es creer que no hacemos nada, creer que la perfección no es de este mundo es el principio de la sabiduría, debemos amar sus imperfecciones, reconocerlas para mejorar.

La perfección tiene aspectos sutiles, es adherirse a sus cualidades, pero también a sus defectos, especialmente hacia los demás.

CAPÍTULO 7: DAR EL PASO Y ATREVERSE

"En la vida, no hacemos lo que queremos, pero somos responsables de lo que somos. »
(Jean-Paul Sartre)

Un joven quería ser piloto, a pesar de sus sueños, no pasaba nada, no había señales del destino, lo que cambió su destino fue que fue a aprender sobre cursos de vuelo, tarifas, incluso llevó libros sobre aviación.

Puso todas las condiciones de su lado, incluso visitando los aeródromos, y fue allí tan a menudo que un mecánico que trabajaba en uno de ellos lo notó y se preguntó qué hacía aquí.

El joven le contó todo, y que era muy apasionado de la aviación, pero que no podía permitirse clases de vuelo porque no tenía trabajo.

El mecánico pensó por un momento y le sugirió que volviera al día siguiente a las cinco.

Nuestro personaje pasó la noche sin pegar ojo porque estaba tan ansioso, sin saber en qué se iba a comer, que tenía miedo de perderse la cita.

Llegó el día "D", se presentó en el muy ansioso aeródromo, se encontró con el mecánico el día anterior, pero lo que le ofreció no fue entrenamiento acrobático, sino que para limpiar su taller, se comprometió a hacerlo todos los días.

Unas semanas más tarde, el mecánico decidió llevarlo como aprendiz y se ofreció a enseñarle todo lo que necesitaba saber sobre aviones.

Un día, se sorprendió al encontrar bajo una lona polvorienta un dispositivo en mal estado, se trataba de un Cessna 150L, le faltaban muchas piezas, incluyendo hélices y componentes del salpicadero.

Vio al mecánico y le preguntó por qué estaba guardado en la parte trasera del taller.

Este último le respondió que quería deshacerse de él, el joven le preguntó si podía intentar repararlo, el mecánico le respondió "si quieres, pero fuera de tu horario de trabajo".

Pasó varias noches tratando de reparar el Cessna, limpiándolo, todavía le faltaban muchas partes, incluyendo algunas partes del motor.

Trabajó duro y apasionadamente, compró las partes faltantes, afinó los ajustes, pasaron los meses y finalmente, el avión estaba listo para despegar, todavía había algunas formalidades antes de eso.

Lo que pasó después te sorprenderá, subastó su aparato, la venta se llevó a cabo y recaudó una cantidad de dinero muy buena, y con lo que ganó, compró su licencia de piloto. Empezó un trabajo de piloto para un particular, dejándole parte del dinero de la venta, y lo apartó hasta que pudo pagar su propio avión.

¿Ves? ¿Ves? Con determinación, motivación, pasión, llegamos a todo, sólo tenemos que poner un poco de lo nuestro, reunir todas las condiciones para que todo se haga realidad, el joven vibró tan entusiasmado que fue notado por un mecánico, fue el punto de partida de su éxito.

¿Y tú? ¿Cuál es su punto de partida? ¡Haz lo que él hace! Aférrate a tus sueños, pon tu corazón en ellos y todo se hará realidad, no te quedes sentado como un pez dorado en un acuario, actúa ahora y aprende a aceptar los fracasos como tus aliados, como una oportunidad para hacerlo mejor, serás guiado al éxito cuando hayas exorcizado al demonio de "todo tiene éxito a toda costa! »

Empieza hoy mismo aunque no hayas terminado este libro! Te revuelcas y empezar de nuevo, ¡es esencial! Pero sobre todo, ¡no te rindas! Es cuando tropezamos con una roca que vemos la roca.

Levanta el teléfono, si se puede usar para otra cosa que no sean chucherías, puede haber alguien que contribuya a tu éxito, detrás de la línea, es como detrás de la montaña, más allá del horizonte, es siempre ese dulce desconocido detrás de la duda y el miedo.

Cuanto más salte al agua, más seguro estará de sí mismo. No dé más por sentado sus errores, haga lo mismo de nuevo, pero con lecciones.

En febrero de 2012, dejé mi Haute-Savoie natal para probar suerte en Rodez en Aveyron, uno de mis viejos conocidos me había ofrecido un trabajo como conductor y repartidor para GLS y TNT, empresas especializadas en paquetes exprés, situadas cerca de Olemps, a pocos kilómetros de mi lugar de residencia en este departamento que yo sólo conocía por su nombre, había traído algunas maletas en mi coche. Mi entrenamiento estaba asegurado durante dos semanas antes de lanzarme a los Causses, una ruta de varios kilómetros entre Balsac, Clairvaux, Marsillac Vallon, Saint Cyprien, Conques y Le Grand Vabre, para volver a Mouret y volver a salvo a Rodez. Fue intensivo, no sólo fue necesario seguir esta formación, manejar los paquetes en el orden de entrega, saber utilizar las hojas y escanearlas, luego conocer el departamento que no era una tarea fácil cuando sólo tenía mis mapas y mi GPS. No te imaginas el estrés que me causó, pero con esfuerzo y determinación, casi lo logré, las empresas para las que trabajé se dieron cuenta de que me tomó demasiado tiempo completar mis entregas, terminando muy tarde en la noche, a veces a las 10 de la noche.

Sin embargo, no me arrepiento de la experiencia, que fue muy enriquecedora, me permitió conocer gente encantadora y bellos paisajes, el punto positivo de todo esto es haber dado el paso, había que atreverse a aventurarse, hacia ese desconocido que es la dominación de tu miedo, a ir más allá de mis creencias limitantes, porque no sabía nada y ni siquiera sabía hacia dónde iba, ya que el terreno me era desconocido, muy lejos de las montañas de la Alta Saboya. Experimenté el fracaso, sí, pero regresé a mis montañas con buenos recuerdos, una cultura del departamento que no tenía antes, y sabía dónde estaba el fracaso, así que no haría más transporte, que es una cosa segura.

La imagen es bastante edificante, pero ¿cómo puedo mostrarte lo que veo? Hay montañas a mi alrededor, y detrás de mí, hay una incógnita que es el destino. Sean curiosos, no se queden y "contemplen las montañas" (para los que viven en terreno llano, parece menos obvio), miren el horizonte y vean cuán lejos se extiende, ¿no tienen curiosidad por saber lo que está lejos? Tal vez su éxito, o tal vez un fracaso (lo sé! Respuesta de Normandía), siempre existe la posibilidad de sentarse allí mirando hacia otro lado con la cerveza o la soda en la mano, pero dudo que sea productivo para usted.

Atreverse es derribar barreras, montañas, o cualquier otra cosa que bloquee tu camino, ir más allá de tus dudas y miedos, finalmente conocer el futuro de tu proyecto, aceptar también que podemos fracasar o triunfar en la vida, entonces, comienzas de nuevo sobre una nueva base, conoces tus errores, y por lo tanto puedes aprender a evitarlos.

¡Sal de tu campaña! No tengas miedo del choque de civilizaciones cuando llegues a la ciudad!

Triunfar o fracasar, ¡pero seguir adelante!

A veces, tienes que seguir caminos que no tienen relación directa con lo que quieres hacer, pero que pueden llevarte allí, por ejemplo, cualquier trabajo te permite tener el dinero para ayudarte a tomar cursos por correspondencia, es esencial tener estabilidad social primero (que es el mínimo sindical para tener éxito).

Para aquellos que conocían al antiguo CEO del grupo Total, Christophe de Margerie, realmente empezó en la parte inferior de la escala, como un simple pasante. Es porque él se invirtió en cuerpo y alma en esta compañía que subió la escalera una por una para llegar a la cima.

También hay otra estrategia que se puede utilizar, la reunión de ejecutivos que están directamente relacionados con su proyecto, siempre y cuando no se lo digan, porque no les gusta la competencia, ni los futuros competidores, y quieran mantener una exclusividad de lo que producen y venden, guardarlo para sí mismos y ser amigables con ellos, aprovecharán la oportunidad para ir a pescar en las noticias. Puede sonar un poco hipócrita (vivimos en un mundo sin escrúpulos, no lo olvides!), pero en lo que quieres hacer, es la mejor manera de hacerlo, los líderes no son capaces de entregar sus secretos y les encanta el "patriotismo industrial", elogian la compañía que aprecian, y como la fábula del cuervo y el zorro, abrirán su amplio pico, pero dudo que haya un queso, oportunidades más bien hermosas, ¡tómalas!

Lo que muchos empleadores no le dirán

Te voy a contar un secreto sobre los empleadores, cuando lees una oferta de trabajo, ves que no tienes las habilidades requeridas, y sin embargo puede ser "tú" lo que la empresa está buscando.

Un empleador a menudo necesita a alguien que sea persistente y dinámico más allá del aspecto técnico o convencional. Ser esta persona involucrada en la empresa porque requiere una inversión personal, no especialmente diplomas o experiencia (que son una ventaja).

Tenga sed de conocimiento y no tenga miedo de hacer preguntas a los empleadores, esto demuestra que usted está interesado en ellos. No vengas a ellos con una mirada arrogante y dando la impresión de saberlo todo, sobre todo si sabes más que ellos, tienen su orgullo, no intentes superarlos, son ellos los que te llevarán a superarte a ti mismo.

Corta la cuerda detrás de ti.

Si tiendes a querer volver al puente del éxito, deja el puente detrás de ti, no tienes más remedio que seguir adelante, coge el teléfono y sé como dicen: "en el hecho consumado, ponte en contacto con las empresas ahora mismo o con los centros de formación para obtener información y, cuando algo te interese, comprométete te de lleno". Conocer gente, aunque lo que tienes que decir no te parezca interesante (básicamente, ¿qué sabes de ello?), lo que importa es el primer contacto, el hablar. Es inútil que nos limitemos a unas pocas organizaciones o personas que puedan ayudarle, vea más ampliamente, las posibilidades son muchas. No te eches atrás otra vez, de lo contrario, toda tu vida, no harás nada más que eso. ¡¡¡TOMA MEDIDAS!!!! ¡¡¡¡FURIA!!!!!

La búsqueda de excusas falsas

Si quieres lograr lo que quieres, tienes que invertir realmente en lo que haces. A veces nos damos por vencidos cuando nos cuesta demasiado, cuando no tenemos tiempo, dinero o pocos recursos técnicos, en definitiva, siempre hay una excusa para todo y eso nos retrasa.

Por ejemplo, para la plata, si crees que todos los que tuvieron éxito nacieron bajo la misma estrella, con una cuchara de oro en la boca o una bandeja de plata colocada delante de la cuna, ya estás equivocado. Por ejemplo, las celebridades que no han empezado de cero y que han disfrutado de un éxito deslumbrante, como Renaud, Florent Pagny o Soprano, o políticos que tampoco pertenecen a la Escuela Nacional de Administración (National School of Administration, ENA).

Crees que el éxito se debe únicamente a la suerte, significaría que naciste en otro mundo, los que mencioné han trabajado duro para llegar a donde están. Hablaba de Florent

Pagny, a quien considero un compatriota, porque dejó su Haute-Savoie natal para ir a París con un objetivo en mente, para introducirse en la música, con gran audacia y determinación, lo consiguió.

Tú también tienes un proyecto que está cerca de tu corazón, sigue adelante, inténtalo, inténtalo, inténtalo, no te bloquees en el miedo y las excusas.

Tiempo, podemos encontrarlo, hay 24 horas en un día, no pretendas no tener tiempo, a veces lo encuentras para jugar videojuegos o para ver televisión sobre temas poco informativos, dudo mucho que el divorcio de Dylan con Wendy en los fuegos del amor te dé la solución. Es aún más rentable dedicar de 1 a 2 horas al día a su proyecto si es realmente importante para nosotros. Mantente fiel a tus sueños, no renuncies a nada, aunque tu entorno no te anime a hacerlo, repito, es tu vida y todo lo que resultará de ella.

La inversión personal es esencial para la ley de la atracción, tener pensamientos positivos es bueno, y es aún mejor adoptar los preceptos a diario.

En mi vida, desde muy temprana edad, he realizado muchos proyectos, algunos han tenido éxito, otros han fracasado, nunca he dejado de avanzar, estudiando nuevas estrategias, curioso de todo, el último es escribir un libro, aunque las condiciones no hayan sido demasiado favorables. Imagínate vivir en un clima donde hay mucho ruido, los vecinos charlando en su terraza, los jóvenes gritando, la televisión haciendo ruido en el apartamento de al lado. Y para colmo, al comenzar las líneas de este libro, se me atascó la mano en una puerta, y me duele mucho escribir en el teclado. ¿Crees que me limito a mi proyecto? ¡No!

La masa de concentración que debo haber tenido, y también la inspiración que me da esta situación ahora, para poder utilizarla a mi favor, lo que me da tanta fuerza y determinación es intentarlo todo en mi vida, sin rendirme por un pequeño bobo u otro.

Anteriormente, en mi juventud, fui a la escuela a pie o en bicicleta, a veces bajo una fuerte lluvia. Lo que me motivó fue decirme a mí mismo que ya casi estaba allí, y hacer otro esfuerzo. Unos metros más y ya estaba allí. También he vivido esta situación en mi vida profesional, los caprichos del tiempo no me han detenido. Agotado por las largas caminatas, inmediatamente me puse a trabajar.

Durante mi servicio nacional, durante mis maniobras en el Valdahon en 1999, caminé 15 kilómetros bajo la nieve y con una camiseta, me empapé de pies a cabeza, llevé mi mochila que me tiraba de la espalda, la correa de mi Famas me rozó el hombro y me calentó la piel. Cuando llegué al cuartel, estaba empapado como una sopa, mi primera idea fue encontrar una toalla para secarme, todavía no me daba cuenta del esfuerzo que había hecho.

En comparación con nuestros mayores, viajaron decenas de kilómetros hasta la mina de carbón, en una época muy antigua en la que no había coches ni bicicletas, los más privilegiados sólo tenían el arado. Muchos de ellos dormían en el lugar, y pasaban la semana o incluso meses enteros sin ver a sus seres queridos. Cuando conoces a los trabajadores de las plataformas petrolíferas y se quedan allí sin llegar a tierra cuando quieren.

Lo que comparten los que triunfan y los que fracasan es la determinación, la voluntad de lograrlo, y no hay excusas para esconderse.

Dígase a sí mismo esto, no tiene nada por nada, cuando no pueda encontrar un trabajo en su campo, haga otra cosa mientras tanto. Si usted no hace nada, la situación puede empeorar, los empleadores podrían etiquetarlo como inactivo porque ha estado sin trabajo por demasiado tiempo. Imagínate sus caras cuando vean tu currículum, te mirarán con dudas y te harán la fatídica pregunta: "¿Qué has estado haciendo todo este tiempo? »

Si pudieras imaginarte los trabajos que tengo que hacer, no me creerías. He estado en muchos campos de actividad que podría ser las "aldeas de la gente" por mi cuenta, a su vez, he sido un trabajador en la industria, barrendero, recolector de basura, vendedor de mostrador en la distribución...... Rara vez he estado inactivo, por supuesto, ha habido períodos de desempleo como casi todo el mundo, pero eso no es excusa para no buscar nada, para quedarse en casa y esperar a que ocurra.

Si el trabajo que te ofrecen no te conviene, tómalo, aunque sólo sea para que puedas permitirte estudiar en el campo que quieras. Tu trabajo financiará tus estudios. Y si me hubiera colocado personalmente en una posición concreta, ciertamente no habría obtenido mi título, ni siquiera habría seguido un curso de formación en la Cámara de Comercio e Industria.

Entonces, para asegurarse de que el atractivo está en su máximo potencial, ¡viva en el momento presente! Trabaja, estudia tu proyecto! En cualquier caso, "¡hazlo! "Es muy sencillo. Ningún pronóstico peligroso, ninguna excusa, sucederá lo que sucederá, pero si tus pensamientos y acciones están en adecuación con la atracción, cualquier cosa puede suceder, especialmente lo mejor.

Cuando no puedes tirar de una barra paralela, haz dos, si no puedes hacer dos, haz tres, si todo parece imposible, hazlo todo posible, depende de ti tener éxito.

Hace unos años, un hombre intentó lo impensable, nadando a través del Canal. No tenía brazos ni piernas y, sin embargo, tuvo éxito, a pesar de su discapacidad, su nombre era Phillipe Croizon (mire en Internet). Si un individuo es capaz de lograr lo imposible, ¿por qué no tú? Todo pasa en la cabeza, tienes que tener una mente fuerte.

Tienes la opción de permanecer en ensueño y disculpas o de seguir adelante, "depende de ti". "(Régis Laspalès).

La historia del mendigo

En medio de una calle peatonal, un sábado por la mañana, un joven se sentó frente a una tienda cerrada y pidió dinero a los transeúntes. Tal vez sólo tenía 20 años, con hombros estrechos y zapatos gastados. Sus ropas ciertamente han visto mejores días, y él también. Congelado en su postura de sentado, sus hombros se inclinaron hacia el suelo.

Delante de él, sobre el alquitrán, una pequeña copa y un pedazo de cartón que tenía en parte en la mano y en el que se lee: "Yo soy ciego, ayúdame, por favor". En la taza, había algunas monedas. No mucho.

Entonces un hombre se acercó. Llevaba una chaqueta de traje bien hecha a medida, cortada en un elegante tejido negro. Sobre los pantalones negros, llevaba una camisa blanca con cuello abierto y zapatos de cuero. Cuando llegó al mendigo, se detuvo, se metió la mano en el bolsillo y tiró algunas monedas en la taza.

Fingió que se iba de nuevo, pero se detuvo de nuevo, de repente. Con una inspiración repentina, se volvió hacia el joven mendigo y tomó el pedazo de cartón en sus manos. Después de un breve examen, rápidamente

228

tomó una decisión y comenzó a escribir al otro lado del cartel. Luego la colocó de nuevo delante del joven, para que el lado que había marcado fuera visible, le deseó un buen día y continuó su camino. Asombrado y pensativo, el joven mendigo escuchó los pasos del hombre mientras se alejaba lentamente.

Poco después, algo cambió: la taza se llenó más rápido de lo habitual. El joven ciego no podía creer que la gente de repente se había vuelto más generosa. Se preguntaba qué podría haber escrito el desconocido de antes en su signo para crear este efecto. Obtuvo la respuesta cuando un poco más tarde el hombre regresó frente a él. Cuando oyó la voz del hombre que lo saludaba, el mendigo lo reconoció y lo llamó. Le preguntó al desconocido qué había escrito en su cartulina. Su respuesta le dejó asombrado: "Sólo la verdad. Me puse exactamente lo mismo que tú, pero en otras palabras". Su letrero dice: "Hoy es un día maravilloso y no puedo verlo".

Como habrá comprendido, no tiene sentido tropezar si su estrategia no funciona, hágase las preguntas correctas, analice las posibilidades de alcanzar sus objetivos.

Juegos de rol

"Es haciendo cualquier cosa que te conviertes en cualquiera"
(Rémy Gaillard)

Por supuesto, no es necesario hacer nada en este capítulo, el libro sobre el tema es muy serio, y al mismo tiempo entretenido.

¿Conocen todos los juegos de rol que implican ponerse en la piel de un personaje? Parecen bailes de disfraces (sin la fantasía), el propósito de la experiencia es ser una especie de camaleón, convirtiéndose en el hombre o la mujer que siempre quisiste ser.

Para ello, necesitarás varios elementos, incluyendo el conocimiento sobre el campo que quieres practicar, te recomiendo que leas libros sobre los temas que te interesan para aprender y que tengas un mínimo de conocimientos teóricos (muy importante).

La ventaja de leer varios libros sobre el mismo tema es que se tienen visiones y enfoques diferentes que se pueden asimilar, que algunos no necesariamente entienden para otros al principio. Hay una fase de consolidación y profundización, como ya he dicho, hazte violencia por esta parte, ponte el objetivo diario de leer 25 páginas, es mejor empezar de a poco, no te saltes los pasos, esto puede desmoralizarte. También puede ver documentales en Internet y en la televisión.

Poco a poco, se convertirá en parte de su rutina diaria, una vez que haya asimilado muchos de los elementos, podemos pasar a la segunda parte.

Para que te tomen en serio, tienes que ser cuidadoso con la elección de tu ropa, lo que te pongas le dará a tu interlocutor una buena o una mala impresión. Lo que debe evitar son jeans con agujeros, camisetas descoloridas y zapatillas sucias, ¿cree usted honestamente que un empleador le dará la bienvenida con este atuendo? Lo interpretará como una falta de seriedad y respeto hacia él en tres cuartas partes de los casos, ¡así que ten mucho cuidado con la forma en que te vistes!

¿Mis sugerencias? Zapatos de ciudad, una camisa pequeña o polo, pantalones negros o vaqueros muy limpios, afeitados de cerca y bien peinados.

También puedes elegir un traje, pero ten cuidado con los colores, te recomiendo que te mantengas dentro de los estándares si no quieres parecer excéntrico.

Si no estás acostumbrado, ponte una camisa blanca y un traje antracita (o negro), zapatos negros sin manchas, sin corbata, a menos que quieras ser vendedor, y en perfumes, ponte algo discreto, pídele al vendedor de perfumería algunas sugerencias, ella está ahí para informarte.

¡Mírate en el espejo! Eres hermosa, otra versión de ti misma, difícil de reconocer a tu otro yo. Eso le sienta muy bien, ¿quién es este joven guapo o esta joven guapa?

Tu cuerpo, debe ser recto, te propongo un ejercicio que hago todos los días personalmente, mueve los hombros hacia atrás y mantén la cabeza recta, te dará una mejor postura, y repite en ti mismo "sí! ¡Estoy orgulloso de en lo que me he convertido! »

La mirada, debes tenerla en la cara de tu interlocutor sin que dé la impresión de que te mira fijamente, mira sus ojos de vez en cuando sin insistir, esto podría desestabilizar a la

232

persona frente a ti. Debe tener una visión global de la persona que tiene delante.

Escucha activa, una técnica aprendida durante uno de mis cursos de ENL (Entorno Neurolingüístico para los no iniciados).

Se trata de estar atento a la persona frente a ti, analizando cada palabra, usando tu imaginación para vivir con él todo lo que te dice. Comience su oración con "si entiendo correctamente" y escuche e incluya el final de su discurso para las siguientes partes

Ejemplo :

"Si lo he entendido bien, tiene una oferta muy interesante para los CDs. »

Él te responde largamente

Respondes al final de lo que ha mencionado "Un ascenso en tal fecha?"

Todavía te responde de nuevo.

Díselo tú:
"En esta tienda?"

Y así sucesivamente.

Sin embargo, no lo haga con demasiada frecuencia sin incluir una pregunta sobre el tema que está tratando, de lo contrario sentirá que usted se está burlando de él o ella.

Incluya preguntas después de repetir el final de su sentencia, para que él o ella vea que usted está interesado en él o ella.

Ahora tienes una buena postura, pero también tienes que trabajar en tu discurso, por eso te sigo recomendando que leas muchos libros, te informes y hables con personas serias que suelen encontrarse en administraciones como los ayuntamientos, durante las ceremonias conmemorativas, o en tiendas especializadas en la venta de sofás (observarás sus técnicas de venta), en salones de belleza o en exposiciones. Incluso hay seminarios de coaching adaptados a sus necesidades.

Es importante saber hablar bien, trabajar en tu discurso, es difícil diseñar a alguien con un traje que hable como el pescadero del mercado local, aprender a hablar en voz baja, preparar tus frases en tu cabeza y estructurar tus respuestas.

Este es el borrador de la "otra versión de ti mismo", la mejor que tienes.

Para volver a la parte que quiero tratar, como habrán comprendido, hay ante todo una fase preparatoria, un cambio de apariencia para que cambie la forma en que los demás te miran a ti y a los demás.

Ahora, ¿qué hay de la implementación?

Puedes probar esto (hacerlo en serio), practicar delante de un espejo de antemano.

Haga una cita con un banco que no lo conozca, y preferiblemente lejos de un área donde usted sea conocido.

Cuando llegues para una entrevista con un consejero, dile que tienes inversiones que hacer y que vienes con fines informativos (estoy bastante seguro de que él o ella tratará de tenerte como cliente después de lo que le digas).

Le dices que tienes la suma de 100.000 euros, aunque en el fondo sepas que esto no es cierto, y le pides consejo sobre cómo invertir en piedra y sobre los tipos de interés.

A partir de entonces, hará una simulación, mirará la expresión de su cara, cuidado, probablemente le hará preguntas sobre esta suma, le responderá que proviene de una herencia y que se sorprendió de tener tal suma.

A nivel personal, ya he tenido esta experiencia para un instituto de sondear en Toulouse, fue muy enriquecedora, la impresión de ser otra persona.

CAPÍTULO 8: SOLUCIONES QUE PUEDEN AYUDARLO A AVANZAR

Por fin has llegado a este último capítulo, ¡te felicito! Date la vuelta y mira hacia atrás y mira lo lejos que hemos llegado! Impresionante, ¿verdad?

Ves exactamente de lo que eres capaz, y que lo que te parecía insuperable no es insuperable.

Te he enseñado los principios básicos para conseguir todo lo que quieres en tu vida, pero también requiere una inversión personal, así que te he desafiado.

No tengas miedo, es más fácil de lo que parece, todos los que lo saben pueden hacerlo. Pero también tienes que ser consciente de que la teoría es buena, pero ponerla en práctica es mejor, saldrás más fuerte de estas experiencias.

El coaching

Antes de este libro, le hablé sobre la noción de ayudar a los demás, pero ¿qué hay de obtener ayuda?

Vivimos en un mundo en el que es difícil prescindir de los demás, incluso para una empresa, que necesita subcontratistas y clientes para operar en perfecta interacción. Tu empleador te necesita tanto como tú a él, te ofrece un trabajo que hacer a cambio de dinero.

En algunas circunstancias, todos somos complementarios. ¡Imagina eso! Incluso un jefe de estado siempre tiene asesores de comunicación y ministros para la gestión diaria del país, estos mismos ministros tienen asesores y secretarios, todas estas pequeñas personas trabajando en armonía.

¿Será capaz de dirigir un negocio si no cumple con las expectativas de los clientes? ¿Asumiendo lo que quieren sin preguntarles? Siempre necesitamos a otros en todas las circunstancias, incluso en su situación actual e inconscientemente! Necesitan asesoramiento e información, incluso formación.

No se puede saber todo, no hay ciencia infusa, todos tenemos defectos y debemos aceptarlos, pero podemos compensar algunos de ellos a través de la lectura y el aprendizaje, pero tú y yo no tendremos un conocimiento universal del mundo. Sólo Dios tiene este poder. Reconocerlo ya es ser inteligente.

Construye una red que formará tu cerebro colectivo, insiste Napoleón Hill en este punto en su libro titulado "piensa y hazte rico".

Hace unos años, vi una película titulada "El Invencible", que cuenta la historia de dos adolescentes, uno parapléjico y otro incapaz de entender las matemáticas, cada uno con una cualidad que el otro no tenía, hicieron una alianza y lograron superar los desafíos a través de su complementariedad.

Un médico no hace contabilidad, o al menos no es un experto en este campo, debe recurrir a un profesional de la gestión, que no puede hacer un diagnóstico médico o emitir una receta. Si usted encuentra su propia área de experiencia, ellos nunca harán todo y usted necesitará buscar ayuda externa.

Incluso yo, que escribo un libro, necesito un corrector, un editor y otros profesionales, no somos "orquestas masculinas".

Para volver a la formación en PNL, si quieres participar, puedes dirigirte al Centro de Información y Orientación, que no está lejos de tu casa, o a la Cámara de Comercio e Industria cercana a tu lugar de residencia.

"Si quieres ir rápido, ve solo, si quieres llegar lejos, hazlo juntos. »
(Proverbio africano)

Solos, estamos aislados, sería absurdo intentar una aventura en solitario, sin apoyo, sin un cliente o proveedor. Todas las personalidades te dirán que todos necesitamos un entrenador o familiares que nos apoyen.

Usted puede encontrar apoyo en varias formas, puede venir de libros, videos, hablar con colegas o en reuniones, si usted está buscando con ahínco, todo está a su disposición.

CONCLUSIÓN

Estamos llegando al final de este libro, con la esperanza de que le hayamos dado todas las respuestas necesarias a lo que usted espera de él. Para aquellos que no estaban acostumbrados a leer, puede que hayan encontrado el tiempo para leerlo por mucho tiempo. Para el autor, lo es aún más, teniendo que releerlo varias veces durante su creación para asegurarse de que no falta nada, es en su sentido bastante completo, espero de todo corazón para usted.

Haz como él, lee este libro tantas veces como sea necesario, absorbe todos los consejos que te he dado, y todo debería ir ahora por el mejor camino hacia el éxito, si has sido diligente, estará garantizado.

Si puedo darte algunas recomendaciones, y te servirá toda la vida, incluso después de tu éxito, estar en el campo y no hablar de tus proyectos con los que te rodean, encuentra a las personas adecuadas para responder a las preguntas que te estás haciendo. Vive el momento presente, actúa en la dirección de tus proyectos sin buscar el éxito, porque vendrá sin forzar. Mantenga una mente positiva, sea curioso, y buenas sorpresas le esperarán al final, se lo garantizo.

Volviendo al principio de mi libro, el "secreto" que una persona me contó el día de Año Nuevo en el casino de Chamonix, oculté muchas pistas sobre el tema, para los que lo dudaban, esta reunión realmente tuvo lugar.

por cierto, voy a revelarles una parte del mensaje que estaba escrito en el papel, esto es lo que él dijo:

"....No hay momento oportuno para comenzar una nueva vida, el momento de actuar siempre ha estado presente! La acción sigue ahí y nos convierte en lo que somos...... !»

Lo que tienes que entender de este corto mensaje es que incluso ahora, tú estás en la acción, yo escribiendo estas líneas, y tú las estás leyendo. Es muy importante entender lo que tienes ahora y lo que haces con él después, qué dirección dar a tus inspiraciones, hacer lo mejor para ti sin esperar un buen resultado, pero siempre luchando por lo que creemos que es correcto y bueno para nosotros y nuestro entorno. Nunca dejes de creer, nunca pienses en los fracasos y aprendas de ellos, ese es el gran secreto del éxito, creyendo en tus ideas y dándoles un cuerpo.

El tiempo es muy valioso, no lo malgastes en trivialidades y fantasías, no mires el tren de la vida sin ser un pasajero, siempre te quedarás en el andén esperando al siguiente, pero ¿cuánto tiempo pasará antes de que llegue? ¿Lo tomarás o esperarás al siguiente? Nuestra existencia tiene un horizonte más o menos largo, y cualquiera que sea la duración de la tuya, haz que el resto de tu vida sea lo mejor que pueda ser.

En cuanto a los que te han criticado, juzgado, menospreciado y probablemente todavía lo hacen, dices que estas personas que son tóxicas, las verás quedarse en el andén a través de la ventana de tu tren, cuando se vaya, verás pequeños puntos a lo lejos detrás de ti, estarás cómodamente sentado en tu asiento, todo esto ¿por qué? Porque decidiste hacerlo.

He puesto en tu mente la semilla del éxito, depende de ti mantenerla.

Con estas últimas palabras, espero sinceramente que puedan poner en práctica sus proyectos.

con un cordial saludo

Yoann MERITZA

SUGESTIONES DE LIBROS

UN MONDE DIFFERENT

— MAYOR ÉXITO POSIBLE
Max PICCININI

— FIDEICOMISO ILIMITADO
Franck NICOLAS

— LA LEY DE LA ATRACCIÓN
Michael J. LOSIER

EDICIONES BELIVEAU

— 7 INGREDIENTES ESENCIALES PARA DOMINAR LA LEY DE LA ATRACCIÓN
Jack CANFIELD – Mark Victor HANSEN – Jeanna GABELLINI – Eva GREGORY

POCHE MARABOUT

— LA METHODE COUÉ
Emile COUE

— EL PODER DEL PENSAMIENTO POSITIVO
Norman Vincent PEAL

J'AI LU

— EL CÓDIGO SECRETO DE TU DESTINO
James HILMAN

— CUMPLE TU DESTINO
Wayne W. DYER

— CUANDO QUIERAS, PUEDES!
Normann Vincent PEAL

— CÓMO HACER QUE TU VIDA SEA UN ÉXITO?
Dr Josephe MURPHY

— CÓMO USAR EL PODER DE TU MENTE SUBCONSCIENTE?
Dr Joseph MURPHY

— EL PODER DE LA VOLUNTAD
Paul-Clément JAGOT

— EL JUEGO DE LA VIDA
Florence Scovel SHINN

— TU PALABRA ES UNA VARITA MÁGICA

Florence Scovel SHINN

— PIÉNSALO Y HAZTE RICO
Napoléon HILL

— LOS SECRETOS DE LA COMUNICACIÓN
Richard BANDLER & John GRINDER

— CONVERTIRSE EN UN MENTALISTA
Bastien BRICOUT

LE LIVRE DE POCHE

— CÓMO HACER AMIGOS
Dale CARNEGIE

— CÓMO HABLAR EN PÚBLICO
Dale CARNEGIE

EDITIONS ASKA

— MÁS LISTO QUE EL DIABLO
Napoléon HILL

EDITIONS ADA

— LOS SECRETOS DEL ÉXITO
Sandra Anne TAYLOR

EDITIONS BUSSIERE

— LA PUERTA SECRETA AL ÉXITO
Florence Scovel SHINN